라임 사태, 그들은 어떻게 우리를 속였나

은행은 왜 사기꾼이 되었나

은행은 왜 사기꾼이 되었나

초판 1쇄 발행 2026년 1월 22일

지은이 김정철
펴낸곳 도서출판 답

기획 손현욱
편집 정인성
마케팅 이충우
표지 디자인 BU디자인
내지 디자인 이은지

출판등록 2010년 12월 8일 | 제 312-2010-000055호
전화 02-324-8220
팩스 02-6944-9077

ISBN 979-11-87229-90-2(03300)
값 20,000원

• 이 도서의 국립중앙도서관 출판예정도서목록(CIP)은
서지정보유통지원시스템 홈페이지(https://www.nl.go.kr/seoji/)와
국가자료종합목록시스템(http://www.nl.go.kr/kolisnet)에서 이용하실 수 있습니다.

라 임 사 태, 그 들 은 어 떻 게 우 리 를 속 였 나

은행은 왜 사기꾼이 되었나

김정철 저

"라임펀드 사건" 투자자 변호사가 전하는 금융사기의 진실

은행은 사기꾼이 아니라,
신뢰할 수 있는 투자자의 든든한 동반자가 되어야 한다.

답

INDEX

추천사 6

머리말 10

제1장

은행도 사기를 치는구나? – 금융역사상 최대 금융사건 '라임펀드'이야기

1. 사라진 1조 6천억 – 라임펀드 환매가 중단되다 20
2. 개그맨 김한석의 라임펀드 첫 사건을 맡다 25
3. '녹취파일'에서 단서를 찾다 38
4. 블라인드 펀드 44
5. 어떻게 펀드 평가액이 '제로'가 될 수 있을까? 56
6. 대한민국 최초로 이뤄진 불완전판매에 대한 형사처벌 63
7. 돌려막기 71
8. 은행이 왜 그토록 라임펀드를 팔려고 했을까? 80
9. 은행과 증권사들은 라임펀드의 부실을 알고도 팔았다. 88
10. 라임펀드 부실에 결정적인 역할을 한 KB증권 93
11. 아직 끝나지 않은 라임사태의 수사 그리고 밝혀지지 않은 실체 97
12. 사기 취소를 원인으로 하는 투자금 100% 배상 판결 112
13. 라임펀드를 이용한 기상천외한 주가조작 그리고 맞춰지는 퍼즐들 117
14. 라임사태가 우리에게 남긴 또 다른 의혹들 125

제2장

왜 금융사기를 당하는가?

1. 그들이 던져놓은 밑밥에 속는다. 130
2. 화려하고 고급스러움으로 당신을 현혹한다. 135
3. 복잡하고 어려운 용어로 모호하게 137
4. 지속적으로 고수익을 내왔다는 매혹적인 미끼 141
5. 유명인이 투자했다는 말. 지인이 수익을 봤다는 말. 그 말들이 당신의 판단력을 흐리게 한다. 143
6. 지금 당장 투자하지 않으면 안 될 것 같은 펀드를 특히 조심하라. 146
7. 은행과 증권사의 설명을 무조건 신뢰해서는 안 된다. 149

제3장

금융사기를 피하는 10계명

1. 원금이 보장되는 고수익 상품은 없다 156
2. 상품설명서에 기재된 원금 손실 가능성을 여러 전문가로부터 판단받자 158
3. 투자 결정은 거북이처럼 느리게, 투자금 회수 결정은 토끼처럼 빠르게 164
4. 명품으로 치장한 지인을 조심하라('설마 교장 선생님이 거짓말하겠어?') 167
5. 펀드 투자를 위해 증권사를 선택할 때 꼼꼼히 살펴보라 171
6. 해외 자산을 기초자산으로 하는 파생상품이나 펀드는 일단 피하자 174
7. 펀드 가입 후 금융기관의 고객 확인 전화('해피콜')에 본인의 의사를 명확히 밝히도록 하자 184
8. 당신의 집과 사무실로 찾아오는 PB는 일단 거르자 188
9. 내 자산 상황에 맞는 투자 상품을 고르자. 191
10. 펀드 가입 내지 투자를 결정할 때, 반드시 녹음을 하자. 194

부록

새로운 금융사기, 가상화폐 사기 유형 분석

1. 국내 가상자산 사기 범죄 사례 분석 200
2. 해외 가상자산 사기 범죄 사례 210

글을 마치며 219

김종인 위원장

"금융 정의는 선택이 아니라 국가 책임입니다.
이 책은 우리가 무엇을 잘못했는지, 그리고 무엇을 바꿔야 하는지를 가장 명확하게 보여줍니다. 정책이 나아가야 할 방향을 분명히 제시하는 책입니다.
많은 국민이 꼭 읽어야 할 책입니다."

김경률 회계사

김정철 변호사의 '은행은 왜 사기꾼이 되었나'를 접했다. 이 책을 통해 독자들은 은행을 비롯한 금융권을 더 잘 이해하게 될 것이다. 저신용자에 더 낮은 금리를 적용해야 한다는 대통령의 발언에 실제로 화답하는 곳이 우리나라 은행이다. 뭔가 안정적이고 믿을 수 있다는 기대를 하고 은행을 대하지만, 실제 그 안에서는 반대되는 일들이 벌어진다.

개인적으로는 경제 금융 관련 가장 확실한 실력을 갖추었을뿐더러, 항상 금융 피해자의 편에 서는 뜨거운 가슴을 가지고 있는 이로써 김정철 변호사를 알리고 싶다.

언바운드랩 조용민

직원들이 수천 개의 유령계좌를 만들었던 웰스파고, 두 차례의 대형 사고가 연달아 났던 보잉, 소프트웨어를 통해 배기가스를 조작한 폭스바겐 등 도덕적 해이에서 오는 여러 사건의 이면을 보면 각각 계좌 수, 원가절감, 규제 통과 등의 단편적인 목표 세팅이 작동했음을 알 수 있다. 유사하게, 오너가 아닌 전문 경영인 기업의 영속성과 지속 가능한 진화를 만들어내는 펀더멘탈Fundamental을 고민하기란 쉽지 않다고 한다. 인간이 가진 속성에 길지 않은 계약 기간과 근시안적인 성과에 집중된 KPI(Key performance Indicator)가 한데 어우러지게 되면 먼 미래의 번영보다는 가까운 지표에 집중할 수밖에 없게 된다.

이 지점에서 중요한 것은, 우리가 컨트롤 불가능한 인간의 속성과 도덕적 해이만을 비판해왔다는 점이다. 정작 컨트롤 할 수 있는, 전방위적으로 중장기 미래를 고려한 목표를 치열하게 정의하고 예리한 기준으로 조직과 개인의 목적을 할당하는 것을 게을리해왔다는 점이다.

이 영역에 대해서는 뿌리 깊은 문제 인식과 적극적으로 새로운 문제에 대한 접근과 해결이 있어야 한다. 그렇지 못할 경우, 만성적인 사고와 반짝하고 사라지는 이슈화 속에서 지속 가능한 사회는 멀어지게 된다. 이를 위해서 각각의 사건들을 실제 경험한 전문가들이 디테일을 바탕으로 진단한 정교한 시각과 첨예한 해석이 있어야 하는데, 이를 통해서만이 사회가 지속 가능한 진화에 한 걸음 다가갈 수 있다고 생각한다. 하지만 사회 환경적인 상황이나 물리적인 여건 때문에, 이런 소중한 내용들이 다뤄지는 것은 말처럼 쉽지는 않게 마련이다.

그러던 중, 우리나라 금융 역사상 가장 떠들썩했던 사건 중의 하나인 이슈를, 인생 목표 자체가 지속 가능한 사회를 만드는 것인 한 변호사가 대담하게 일필휘지한 너무나 소중한 내용이 출간되게 되었다.

김정철 변호사는 모두가 어렵다고 생각한 기념비적인 승소를 통하여 피해를 본 개인의 상처를 직접적으로 보듬은 것에 그치지 않고, 과정 중에 직면한 다양한 인간 군상과 법리의 작동 방향성에 대해 객관적이면서도 흥미진진하게 풀어내는 작업까지 마쳤다. 그 어떤 서스펜스 스릴러 영화보다 재밌는 다큐멘터리 한 편을 보는 경험을 하게 됨과 동시에 마지막 장에 이르러서는 금융 및 법제 전반과 연결된 사건에 대해 고해상도 이해를 갖게 해준다.

특수 영역에 있었던 이슈가 해결되는 뒷이야기를 읽기 쉽게 공유하는 것은 대중의 눈높이를 높이고 이해도를 깊게 만든다는 측면에서 사회의 진화론적 방향의 큰 의미가 있다. 하지만 그만큼 많은 에너지와 리스크를 동반한다. 김정철 변호사의 이런 용기 있고 지난한 시도를 존경해 마지않으며, 추천사라는 방법으로 작은 응원이나마 할 수 있는 기회에 감사할 따름이다.

기업과 조직에서 새로운 비전과 미션 설정을 고민하는 리더십, 삶의 목적과 업무에서 괴리를 느끼는 많은 회사원, 지속 가능한 사회란 무엇일까에 대한 고민을 가진 많은 일반 대중들의 손이 닿는 거리에 이 책이 놓여있기를 간절히 바라본다.

함익병 원장

대규모 금융 부정 사건! 어느 변호사도 피해자 입장에 서서 변론하려 하지 않았을 때!!
김정철 변호사는 기꺼이 이 사건의 피해자 측의 변호인 역할을 자임했습니다.
거대 금융사와 그들을 변호하는 거대한 로펌을 상대로 한 지난한 사건을 기꺼이 맡았습니다.

그리고 당당하게 승소했습니다.
거대 금융사의 횡포. 그들을 변호하는 초대형 로펌. 그리고 은연중에 금융 기관을 싸고도는 권력과 맞서 이긴 겁니다.

김정철 변호사의 생생한 경험담을 통해 우리 사회의 거대 기득권의 횡포를 알게 될 겁니다.
우리 사회의 금융 병폐를 날카롭게 파헤친 김정철 변호사의 저서.
금융과 분리되어 살아갈 수 없는 많은 독자분께 일독을 권해드립니다.

'은행은 왜 사기꾼이 되었나'라는 이 책의 제목은 독자들에게 다소 자극적으로 보일 수 있다.

은행이 사기꾼이라고? 우리가 믿어온 은행과 증권사가 사기를 친다는 사실을 쉽게 받아들이기 어려운 만큼, 이 제목이 충격적으로 느껴질 수도 있다. 오히려 이런 제목을 붙인 내가 어떤 음모론을 퍼뜨리며 공포를 조장해 뭔가를 팔아먹으려는 사기꾼으로 보일지도 모르겠다.

하지만 독자들이 이 책을 끝까지 읽고 나면, 왜 이러한 제목을 붙일 수밖에 없었는지 자연스럽게 이해하게 될 것이라 믿는다. 참고로 제목에서 '은행'이라고 표현했지만, 이는 증권사를 포함한 금융기관 전반을 상징적으로 통칭한 것임을 이해해 주길 바란다.

우리는 뉴스에서 금융사기 관련 사건을 자주 접한다. 라임·옵티머스 펀드 사태부터 테헤란로에 즐비한 무등록 유사수신 업체의 다단계 금융사기, 유명인이 연루된 가상화폐 사기까지 다양한 사례가 연일 보도되고 있다. 무등록 업체의 다단계 금융사기는 변호사나 회계사 같은 전문직 종사자들까지 피해를 볼 정도로 수법이 날로 정교해지고 있다. 그렇기에 누구도 '나는 절대 사기당하지 않을 것'이라고 장담할 수 없다.

사기 피해를 당해보지 않은 사람들은 대체로 이런 뉴스에 큰 관심을 두지 않는다. 오히려 피해자들이 욕심을 부렸거나 판단이 부족해 속았다고 생각하는 예도 적지 않다. 그러나 사기의 창구가 은행이나 증권사가 되는 순간, 이야기는 전혀 달라진다. 누가 은행이나 증권사 직원의 설명이 거짓일 것으로 의심하며 투자를 결정하겠는가? 그리고, 묻지 않을 수 없다. 은행과 증권사가 개입하지 않았다면, 과연 수조 원 규모의 대형 금융사기가 가능했을까?

일부 독자들은 이 책에서 다루는 금융사기 사례들이 '돈 많은 사람만의 문제'라고 생각할지도 모른다. 애초에 피해를 보고 싶어도 그만한 큰돈이 자신에게는 없다면서 말이다. 그러나 금융 사기꾼들이 노리는 대상이 항상 억 단위의 투자자만은 아니다. 수백만 원, 심지어 수십만 원의 금액도 충분히 그들의 표적이 된다. 오히려 한 사람에게서 1억 원을 투자받는 것보다 백 명에게 백만 원씩 투자받는 것이 더 쉬울지 모른다. 그리고 누군가에게는 그 백만 원이 전 재산일 수도 있다. 따라서 금융사기의 피해는 금액의 크기만으로 가볍게 여길 문제가 아니다. 누구나, 어떤 규모로든 피해자가 될 수 있다는 점이 더 중요하다.

나는 과거 우리투자증권에서 판매된 LIG건설 CP(기업어음) 불완전판매 사건을 시작으로, 50억 수임료로 세간의 주목을 받았던 최유정 변호사 관련 이숨투자자문 유사수신 사기 사건, 그리고 최근의 라임펀드 사기 피해 사건까지 다양한 금융사기 피해자들을 대리해 온 **'투자자 측 전문 변호사'**다.

수많은 피해자를 만나오며 그들이 겪는 고통을 누구보다 가까이에서 들여다보았다. 어떤 피해자는 모든 것을 잃은 뒤 시위 현장에 나와 목이 터지라 가해자의 처벌을 외치고, 또 어떤 피해자는 가족의 경제생활이 완전히 무너져 결국 극단적인 선택을 하는 참혹한 상황에까지 내몰리기도 한다. 그래서 나는 금융사기를 '경제 살인'이라 부른다. 단순히 물질적인 피해만 주는 것이 아니라, 그 사람의 인격과 인간관계, 정신건강을 파멸로 몰아넣기 때문이다.

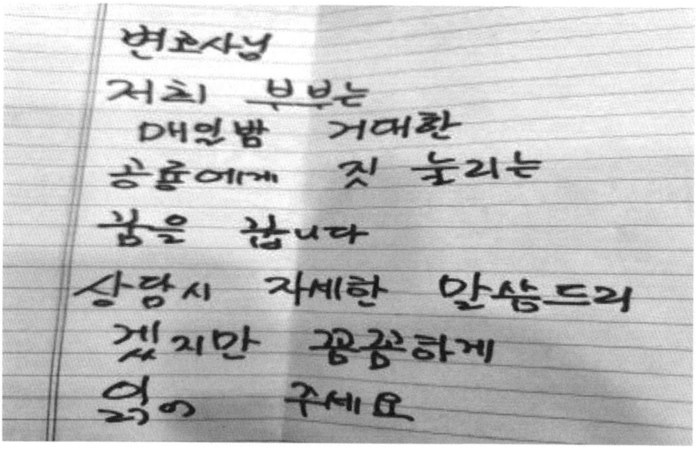

[어느 老부부가 평생 모은 돈을 은행직원에게 속아
모두 펀드 투자로 날리고 찾아와 남기고 간 메모]

그러나 "우리나라 법이 이러한 경제 살인에 걸맞은 처벌을 제대로 하고 있는가?"라는 질문을 받는다면, 그 답은 단연코 NO다. 경찰청에 따르면 2024년 국내 사기 범죄 발생 건수는 42만 9,949건으로 잠정 집계되었고, 사기 범죄자의 재범률은 45%에 달한다. 이는 사기 범죄자들에 대한 처벌 수위가 낮고, 교화에도 실패하고 있음을 보여주는 통계다.

그렇다면 피해는 제대로 회복될 수 있을까?

무등록 업체나 유사수신 조직을 통한 사기, 다단계 금융사기의 경우 범행 자체가 처음부터 치밀하게 기획된 경우가 대부분이라 피해 보상 가능성은 거의 없다. 사기범들의 자금은 이미 은닉되거나 소진된 후이기 때문이다. 반면 은행이나 증권사 등 금융기관을 통해 판매된 금융투자상품(대표적으로 펀드)에 투자하였으면 그나마 금융감독원의 분쟁조정이나 민사소송을 통해 판매 금융기관을 상대로 일부, 혹은 운이 좋으면 투자 원금 전액을 회수하는 사례도 있다. 그러나 이 과정 역시 쉽지 않다. 절차는 길고 복잡하며, 결과도 불확실하다. 그 때문에 피해자들은 회복의 희망을 붙잡고 싸우는 동안 심각한 심리적 소모를 겪을 수밖에 없다.

내가 이 책을 쓰기로 한 이유는 크게 두 가지다.

첫째는 라임펀드 사태의 역사적 기록을 남기기 위해서다. 우리나라 금융 역사상 최악의 금융사기 사건 중 하나인 라임펀드 사태는 수사도 제대로 이루어지지 않았고, 실체조차 명확히 규명되지 않은 상태로 우리의 기억 속에서 점점 사라지고 있다. 대한민국 최초로 금융기관을 상대로 착오 취소가 아닌 '사기 취소'를 인정받아 투자금 전액 반환 (1심 기준, 현재 항소심 진행 중) 판결을 받아낼 수 있었던 이유, 그리고 언론에 알려지지 않은 숨은 이야기들을 기록으로 남기지 않으면 제2, 제3의 라임사태가 발생했을 때 잘못된 대처로 피해를 키울 수 있다. 그렇기에 소송을 한 변호사의 시각에서 다시는 이러한 비극이 반복되지 않기를 바라는 마음으로, 최대한 객관적 사실에 기반해 '사기(史記)를 쓰는 심정'으로 이 책을 집필했다. 또한, 공익적 차원에서 이미 언론에 널리 공개된 금융회사와 관련 인물들의 실명은 그대로 싣기로 결심했다. 은행과 증권사의 민낯을 투명하게 드러내는 것이야말로 라임사태의 재발을 막는 첫걸음이기 때문이다.

둘째는 많은 독자에게 금융사기에 대한 경각심을 일깨우고, 다양한 사기 수법을 구체적으로 소개함으로써 피해를 미리 차단하기 위해서다. 일종의 금융사기 '백신'을 만드는 마음으로 이 책을 써 내려갔다. 그래서 라임사태의 기록 이후에는 여러 유형의 금융사기 수법을 가능한 한 자세히 설명하려 노력했다. 아마 이 책을 모두 읽고 나면, 당신 역시 금융사기에 대한 견고한 '면역 항체'를 갖게 될 것이라 믿는다.

이 책이 출간되면, 여기서 언급된 은행이나 증권사들이 나를 상대로 소송을 제기할지도 모른다. 그러나 이 책을 쓰게 된 핵심 목적은 그들을 비난하려는 것이 아니다. 그들이 저지른 잘못을 객관적으로 지적함으로써, 다시는 같은 일이 반복되지 않도록 하기 위함임을 분명히 밝힌다. 이를 통해 은행과 증권사가 고객의 신뢰를 회복하고, 누구나 안심하고 투자할 수 있는 건강한 금융 환경이 조성되기를 진심으로 바란다.

금융사기로부터 안전한 시장이 마련되어야 투자자들도 두려움 없이 투자할 수 있다. 금융사기의 척결과 예방은 결국 금융시장을 더욱 활성화하고 발전시키는 길이기도 하다. 그런 의미에서 이 책이 금융시장의 건전성 확보와 금융기관의 신뢰 회복에 아주 작은 보탬이라도 된다면, 수많은 금융사기 사건을 처리할 때마다 "다시는 이런 고된 사건을 맡지 않겠다."라고 다짐해 왔던 지난 시간이 헛되지 않았다는 작은 보상을 받는 기분이 들 것 같다.

'은행은 사기꾼이 아니라, 신뢰할 수 있는 투자자의 든든한 동반자가 되어야 한다.'

그 마음을 담으며 머리말을 마친다.

김정철 씀

제1장

은행도 사기를 치는구나?

- 금융역사상 최대 금융사건 '라임펀드'이야기

라임펀드 사태. 피해 규모만 1조 6,679억 원에 달해 '단군 이래 최대의 금융사기 사건'으로도 불리는 이 사태는, 단순히 그 규모 때문만이 아니라도 우리 금융 역사상 최악의 사건으로 기록될 가능성이 크다. 이는 단순히 투자 판단 잘못으로 펀드 운용을 부실하게 하여 환매[1](쉽게 이야기하면 '투자금 회수')가 중단된 사건이 아니기 때문이다.

당시 국내 1위 헤지펀드 운용사 라임자산운용이 출시한 라임펀드를 우리나라의 대표적 제1금융권 은행인 우리은행, 신한은행, 산업은행 등에서 팔았을 뿐 아니라 신한금융투자, KB증권, 대신증권 등 대형 금융기관에서도 앞다퉈 판매했다. 투자자들은 금융기관들을 신뢰하지 않을 이유가 없었다. 설마 이들이 고객들에게 허위 정보를 제공하면서까지 펀드를 판매했으리라 생각하지 못했으며, 그러한 정보를 검증할 능력도 없었다. 그리고 무엇보다 이들이 판매한 펀드의 투자금이 부실기업과 한계기업[2]에 투자되었을 거라고는 상상조차 하지 못했다. 그야말로 '은행의 배신'이다.

---

1) 펀드의 환매란 펀드에 투자한 투자자가 펀드의 순자산가치에 따라 자신의 투자 지분 전부 또는 일부를 회수하는 것을 의미한다. 환매대금의 지급 시기는 집합투자규약에서 정하는 바에 따르며, 통상 국내 주식에 투자하는 펀드의 경우 환매 청구일로부터 4영업일에서 15영업일 이내에 환매대금을 지급하고 있다.

2) 부실기업과 한계기업이란 모두 재무적으로 어려움을 겪는 기업을 지칭하지만, 한계기업은 '영업이익으로 이자조차 갚지 못하는 상태가 3년 연속 지속되는 기업'을 말하며, 부실기업은 '유동성 자산으로 당장 갚아야 할 채무를 감당하지 못해 부도 위험에 놓인 기업'을 의미한다.

어떻게 이런 희대의 금융사기가 벌어질 수 있었는지, 지금부터 라임 사태의 본질과 여러분이 잘 알지 못했던 은행과 증권사의 민낯을 밝히고자 한다.

01 사라진 1조 6천억 - 라임펀드 환매가 중단되다.

수상한 설명회

2019년 7월, 언론사 한국경제에 "6조 원 굴리는 헤지펀드 라임… 펀드 수익률 '돌려막기' 의혹"이라는 제목의 기사가 올라왔다. 국내 1위 자산운용사로 알려진 라임자산운용이 돌려막기라니. '신종 CB 파킹거래'의 흐름도까지 자세히 설명한 한국경제 기사의 파문은 컸다. 시장은 동요했고, 투자자들의 마음속에는 라임자산운용에 문제가 있는 것은 아닌지 의심이 싹텄다. 실제로 일부 투자자들은 펀드를 팔았던 담당 PB들에게 환매를 문의하기 시작했다.

기사가 보도된 지 얼마 지나지 않은 2019년 8월 9일부터 며칠간, 대신증권 반포 WM센터에서는 수상한 설명회가 열렸다. 펀드를 판매하고 새로운 고객을 유치하기 위한 일반적 설명회가 아닌, 이미 펀드에 가입한 고객들을 안심시키기 위한 설명회였다. 일종의 환매 저지를 위한 설명회였다. 당시 반포지점 장영준 센터장은 설명회에 모인 고객들을 향해 한국경제의 기사가 사실이 아니며, 라임펀드의 안정성이 굉장히 높다고 열변을 토했다.

○ 장영준 : 이게 만약에 마이너스가 되려면 그 수십 개의 딜이 거의 동시다발적으로 전부 다 디폴트가 돼야 하고요. 저희가 여기에 들어간 게 **LTV[3]가 가장 큰 게 50이에요. 대략 30에서 50%거든요. 그러면 그것들이 담보 처분을 하는데 50% 이하로 다 평가가격을 받아야 해요. 그럴 확률이 얼마나 되나 이거죠. 그래서 이것에 대한 안전성이 저는 굉장히 높다고 봐요.** 그러므로 저희가 연 8%라는 것을 말씀드리면서 진행을 한 거였고, 그게 계속 지금 2년 가까이 유지하는 상황인 거고. 그래서 이 기자가 쓴 말은 맞아요. 이게 잘못되면 당연히 우리 펀드는 손실 납니다. 그런데 저희는 그래서 이 모펀드에 대한 형태를 최대한 안전성을 유지하는 상황인 거고. 그래서 이 말은 맞으나 사실 굉장히 혹하게 쓴 거죠. 왜냐면, **우리 수익률이 계속 이렇게 높으니까. 아주 얼마나 좋아요? 정말.** 그러니까 사실 의혹을 이렇게 쓴 거였죠.

- 중략 -

이것이 잘못되면 저희가 담보를 잡는, 저희가 90% 이상이 다 담보가 있는 전환사채거든요. 담보가 없으면요. 회사가 부도가 나면 못 받아요. 끝이에요. 정말 그런 회사가 많았거든요. 전혀 이거는 안 그

3) LTV(Loan-to-Value Ratio) 혹은 담보인정비율은 금융기관에서 내부적으로 대출 심사에 적용되는 규정으로, 담보되는 자산(asset)의 가치 대비 인정해 주는 대출(loan)의 비율을 의미한다.

럴 것 같은데. 그래서 실제로 저희가 투자한 전환사채 중에서 지금 거래정지된 데 있어요. 뭐 파티게임즈, 뭐 한류타임스 거래정지 됐거든요. 지금 거래 안 돼요, 이거. 주식 만약에 네이키드 (naked) 식으로 갔었으면 모두 다 여러분들 손실로 갔을 거예요, 거래가 안 되니까. 그런데 우리가 다 담보로 잡아서 파티게임즈는 이번 달 초에 다 상환받았고요, 전혀 펀드에 손실이 없는 겁니다. 그래서 전부 다, 거의 다 90% 이상을 저희는 담보를 잡고 있어요.

[2019년 8월 9일, 장영준 센터장 설명회 녹취내용 중]

장영준 센터장의 현란한 말솜씨에 고객들은 안심하며 집으로 돌아갔다. 장 센터장의 설명에 의하면 상품에 대한 담보도 다 잡혀 있을 뿐 아니라 연 8%의 수익 실현에도 이상이 없었다. 그렇기에 환매할 이유도 없는 것이었다. 그날 설명회에 참여한 고객들은 마음속에 찜찜함은 남아 있더라도 위안은 얻고 모두 집으로 향했을 것이다. 하지만 그 안정은 오래가지 못했다.

환매가 중단되다.

2019년 10월 2일, 한 증권사에 고객들의 문의 전화가 빗발쳤다. 고객들은 자신이 환매 신청을 하지도 않았는데 증권사에서 자신의 동의도 없이 일괄하여 펀드 환매 신청을 했다며 항의했다. 그 증권사는 불과 2개월 전, 설명회까지 열어 환매를 만류했던 대신증권이었다.

환매는 이뤄지지 않았지만, 고객들은 혼란스러울 수밖에 없었다. 고객들의 문의 전화가 빗발치자 증권사는 고객들에게 유리하게 규약을 변경하기 위해서 그렇게 했다는 변명을 늘어놓았지만, 규약 변경과 환매 신청은 아무 상관이 없었다.

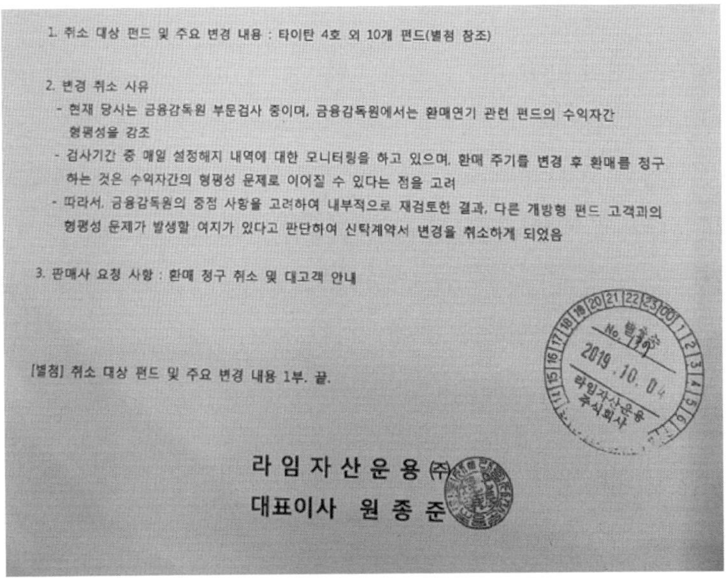

1. 취소 대상 펀드 및 주요 변경 내용 : 타이탄 4호 외 10개 펀드(별첨 참조)

2. 변경 취소 사유
- 현재 당사는 금융감독원 부문검사 중이며, 금융감독원에서는 환매연기 관련 펀드의 수익자간 형평성을 강조
- 검사기간 중 매일 설정해지 내역에 대한 모니터링을 하고 있으며, 환매 주기를 변경 후 환매를 청구하는 것은 수익자간의 형평성 문제로 이어질 수 있다는 점을 고려
- 따라서, 금융감독원의 중점 사항을 고려하여 내부적으로 재검토한 결과, 다른 개방형 펀드 고객과의 형평성 문제가 발생할 여지가 있다고 판단하여 신탁계약서 변경을 취소하게 되었음

3. 판매사 요청 사항 : 환매 청구 취소 및 대고객 안내

[별첨] 취소 대상 펀드 및 주요 변경 내용 1부. 끝.

라임자산운용㈜
대표이사 원종준

[라임자산운용에서 환매 청구 취소 요청을 하면서 보낸 공문]

대신증권의 환매 신청은 취소되었지만, 모든 환매 신청이 받아들여지지 않은 것은 아니다. 특혜 펀드로 불리는 라임 테티스 11호의 경우, 2019년 9월 30일 라임자산운용 이종필 부사장이 부탁한 환매 부분과 10월 1일 김부겸 전 총리의 차녀 가족이 가입한 펀드 중 일부가 환매 청구되어 10월 7일에 환매 대금이 지급되었다. 테티스

11호 펀드는 일반 펀드와 달리 수수료 등이 거의 없고, 일반 고객들은 가입조차 할 수 없는 일종의 특혜 펀드였다. 이들의 환매 신청과 대금 지급을 별도로 진행하고, 일반 고객들의 환매 신청은 안내나 동의 없이 일괄적으로 진행했다는 것은 사전에 환매가 불가능하다는 것을 인지한 증권사의 '면피용 쇼'였음을 의심케 하는 대목이다.

대신증권의 환매 취소 시점을 기점으로 라임펀드 대규모 환매 중단 사태가 언론에 대대적으로 다뤄졌다. 임대차 보증금을 잠시 펀드에 맡긴 투자자, 오랜 기간 근무한 회사에서 받은 퇴직금을 통째로 맡긴 투자자, 은행 예금으로 돈을 넣어두고 있다가 은행직원이 이자보다 더 나은 펀드에 가입하라고 권유해서 멋모르고 가입한 투자자 등 수많은 사연이 언론과 SNS를 통해 알려지기 시작했다. 누군가에게는 평생의 피, 땀, 눈물이 담긴 소중한 돈, 더 나은 내일을 꿈꾸며 은행과 증권사에 맡겨둔 소중한 돈이 그렇게 하루아침에 휴지 조각이 되어있었다.

02 개그맨 김한석의 라임펀드 첫 사건을 말하다.

한 통의 전화

2019년 12월경, 한 통의 전화가 걸려 왔다. 개그맨 김한석 씨였다. 평소 친분이 있었던 관계로 우리 로펌에서 개최하는 자선 골프대회에 무료로 재능기부 차원에서 사회를 봐주시기도 했던 분이었다. 언제나 밝게 대화를 시작하던 평소와 달리 수화기 너머로 들려오는 떨리는 목소리에 뭔가 그에게 큰 문제가 생겼음을 직감했다.

"무슨 일 있으신가요?"

"큰일 났어... 언론에서 라임펀드 이야기 들었지? 내가 라임펀드에 가입했어..."

그는 그때만 해도 라임펀드가 아예 휴지 조각이 될 것이라고는 전혀 생각하지 못하고 있었다. 대신증권 반포 WM센터의 장영준 센터장이 그에게 직접 원금 손실 가능성이 거의 '제로'라고 하며 라임펀드 가입을 적극적으로 권유했기 때문이었다. 센터장까지 나서서 그렇게 설득하니 김한석 씨도 평소 성실하게 방송 생활을 해서 어렵게 모은 돈을 투자하게 된 것이다.

금융사기는 금융 지식이 없어서 당하는 것이 아니다. 금융 사기꾼들은 너무 바빠서 시간이 부족한 사람들이나 위험 회피 성향이 강해 전문가를 쉽게 믿는 사람들을 주로 노린다. 김한석 씨는 이 모두에 해당했다.

그렇다고 김한석 씨가 특이 경우인 것도 아니다. 누구나 대형 증권사의 센터장이 하는 말을 믿을 수밖에 없다. 금융상품이라는 것의 전문성과 복잡성 때문이다. 하지만 은행 혹은 증권사의 입장은 다르다. 자세한 정보를 제공하는 것보다는 펀드를 판매하는 것이 우선이기 때문에, 판매에 방해가 될 것 같은 정보를 숨기는 것이 오히려 유리하다. 이런 심각한 '정보의 비대칭'으로 인해 은행과 증권사에서는 수익률 등 듣기 좋은 소리만 강조하면서 투자를 권유하고, 피해자들은 상품의 위험성에 대한 정보 없이 펀드에 가입하는 현상이 반복된다. 중고차 사기와 같은 구조이다.

김한석 씨의 문제는 거기에서 그치지 않았다. 장 센터장의 말을 믿고 인연을 이어가며 친분을 쌓아오던 그가, 자신과 친한 이재용 아나운서에게 장 센터장을 연결해 주게 되면서 이재용 아나운서 역시 라임펀드에 거액을 투자하게 된 것이다. 장 센터장은 투자자들에게 원금 손실 가능성을 제로에 맞추어 두었다고 하면서 마치 은행 예금처럼 안전하다고 했다. 김한석 씨에게는 심지어 최악의 상황에서도 부도가 날 확률은 "로또보다 낮다"라는 메시지까지 보냈다.

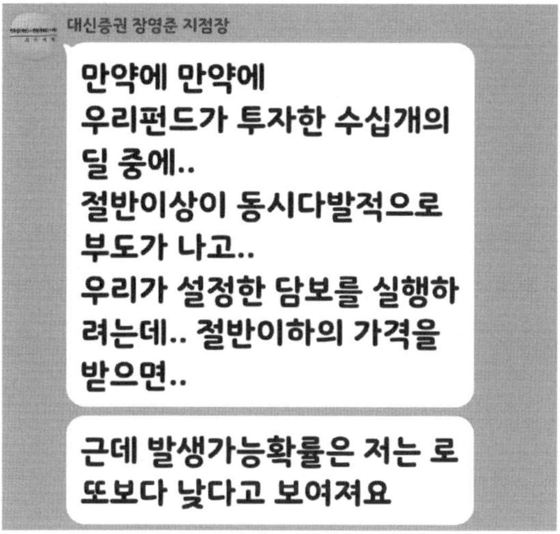

[장 센터장과 김한석 씨가 나눈 카톡 대화 내용 일부 삽입]

나는 김한석 씨와의 통화를 마치고 라임 사태에 관한 조사를 본격적으로 시작했다. 라임과 관련된 기사들을 취합하면서 정보의 조각들을 맞추었고, 의뢰인으로부터 받은 자료들을 정리해 나갔다. 보면 볼수록 어떻게 은행과 증권사가 이럴 수가 있는가 하는 일종의 분노마저 생기기 시작했다. 이 사안이 금융감독원의 분쟁조정으로는 쉽게 해결될 것 같지 않음을 직감한 나는, 곧바로 투자자에게 반환 여력이 있는 증권사들을 상대로 형사고소와 민사소송을 진행하기로 결심하고 김한석 씨의 사건을 수임했다.

김한석 씨로부터 다급하게 걸려 온 한 통의 전화, 그것이 내 고된 여정의 시작이었다.

금융사기 피해 전문 변호사

김한석 씨가 나를 찾은 이유가 단순히 친분 때문만은 아니었다. 과거 우리투자증권의 LIG건설 CP(기업어음)[4] 불완전판매[5] 소송과 이숨투자자문 유사수신[6] 사기 피해 사건을 승소로 이끌면서, 어느덧 나는 내 의지와 상관없이 금융사기 피해자를 대리하는 변호사로 조금씩 알려지기 시작했다.

LIG건설 그룹 총수 삼부자가 기업의 자금난을 알면서도 이를 숨기고 어음을 발행해 투자자들에게 손해를 입힌 사건에서는, 우리투자증권이 나서서 LIG건설이 부도가 나기 직전까지 위험성을 숨기고 어음을 1,300억 원 이상 판매했다. 이들은 LIG그룹의 우수한 자본구조와 재무 안정성을 강조하는 데 그치지 않고, LIG건설이 어려움

---

4) CP(Commercial Paper, 기업어음)란 기업체가 자금 조달 목적으로 발행하는 어음을 말한다.

5) 불완전판매란 금융기관이 고객에게 금융상품의 중요한 내용 및 위험성을 제대로 알리지 않거나, 고객의 재정 상황 등에 맞지 않는 상품을 권유하는 판매 행위를 일컫는다.

6) 유사수신행위란 법률에 따른 인허가를 받지 않고 투자금을 유치하는 모든 자금 조달 행위를 말하며, 주로 원금 보장이나 고수익을 약속하며 투자자를 현혹한다.

에 부닥치면 다른 계열사들이 지원할 수 있다고도 설명하며 투자자들을 안심시켰다. 결국, LIG그룹의 삼부자가 구속됨으로써 형사 합의 과정을 통해 의뢰인들에게 80%~100% 배상을 받도록 하는 데 성공했고, 우리투자증권을 상대로도 1심에서 60% 배상을 끌어냈다.

첫 승소를 하면서 금융사건에 관심을 두게 되었고, 관련 통합 법률인 자본시장법을 연구하게 되었다. 이후 고려대학교 법학전문대학원에서 '자본시장법상 금융투자상품의 투자자 보호를 위한 제도에 관한 연구'라는 제목으로 박사학위를 취득하기도 했다.

LIG건설 CP 사건이 금융사건에 관한 관심을 싹틔웠다면, 이숨투자자문 유사수신 사기 피해 사건은 나에게 트라우마를 남겼다. 이숨투자자문 사건은 대표 송창수가 2015년 해외선물 투자로 3개월 후 원금을 보장하고 매월 약 2.5% 상당의 투자 수익금을 보장하겠다고 속여, 2015년 3월부터 6개월간 2,700여 명의 투자자로부터 1,380억여 원을 편취한 사건이다. 방식은 해외선물 투자에 투자금 일부만 사용하고, 대부분 금액은 선순위 투자자들에 대한 투자 수익금 지급에 돌려막기를 하는 전형적인 다단계 금융사기였다.

[이숨투자자문 피해자 설명회 모습]

이 사건은 일명 최유정 변호사 사건, 이른바 '정운호 게이트'와도 이어지며 화제가 되었는데, 나 또한 본의 아니게 그 소용돌이에 휘말리게 되면서 사생결단의 시간을 보내게 되었다. 배경을 간단하게만 이야기해보면 다음과 같다.

최유정 변호사는 판사로 재직하다가 개인 변호사 사무실을 개업하면서 법조 브로커 이동찬을 만났다. 이동찬은 당시 다른 금융사기 사건으로 1심에서 징역 4년 형을 받은 송창수를 최유정에게 소개해주었고, 최유정은 정식 선임계를 내지 않고 소위 전관예우를 이용한 '전화 변론'을 하면서 송창수에게 수임료 50억 원을 받아 이 사건의 집행유예를 끌어냈다. 이 사건을 계기로 세 명은 단순한 의뢰인 -브로커-변호인 이상의 끈끈한 관계를 맺게 되었다.[7] 이후 너무나도 자

7) 이동찬은 최유정과 사실혼 관계로 발전한 것으로 알려졌다.

연스럽게 이숨투자자문 사건에 서도 송창수를 대리하게 된 최유정은 투자자를 대리하게 된 나를 상대하게 된 것이다.

이숨투자자문 사건은 처음부터 다른 사건들과 뭔가 다르다는 느낌을 주었다. 당연히 되어야 할 협조가 제대로 이뤄지지 않는 등 유착관계를 의심해 볼 수 있는 정황이 한둘이 아니었다. 경찰도 수사에 비협조적이었고, 사법부의 태도도 수상했다. 특히 피해자들의 탄원서를 제출하며 재판부와 통화하던 중 재판장의 태도가 이상하다는 걸 느낀 나는, 혹시 모를 사태에 대비하여 당시 특수부 검사에게 전화를 걸었다. 이전 사건으로 수용되어 있던 송창수가 혹시라도 집행유예로 석방되면 밀항 등의 방법으로 도피할 수도 있는 상황이었다. 아니나 다를까 최유정은 로비를 통해 수원지법의 최 모 부장판사로부터 집행유예를 얻어냈고, 송창수는 석방되었다.[8] 하지만 당시 특수부 검사와 미리 이 문제에 대비했기에 석방 당일 그를 다시 긴급체포할 수 있었다.

---

8) 나는 당시 피해자 수백 명이 모인 자리에서 "여러분, 대한민국이 아무리 썩었어도 수백억 원의 사기를 범하고, 아직 아무런 피해 변제를 하지 않은 범죄자가 집행유예로 석방될 리가 없습니다."라고 자신 있게 설명했다. 하지만 나의 그 신뢰와 바람은 송창수의 석방으로 무너졌다. 다행히 선고 며칠 전 판사에게 탄원서를 추가로 제출하겠다는 전화를 판사실로 했을 때, 그 재판장의 말투와 답변에서 이상한 기류를 느껴 특수부 검사에게 만일을 대비하여 혹시라도 그가 석방되면 즉시 긴급체포해 달라고 요청해 두었다.

송창수에 대한 1심 13년 판결이 선고되고서도 항소가 이어지며 치열한 공방전이 계속되던 어느 날, 최유정에 대한 뉴스가 세상을 도배하기 시작했다. 최유정 변호사와 네이처리퍼블릭 정운호 대표에 관한 이야기였다.

구치소에 수용된 송창수는 당시 동남아에서 회삿돈을 횡령해 100억 대 상습도박을 해온 혐의로 수용되어 있던 네이처리퍼블릭 정운호 대표를 만났다. 송창수는 정운호에게 최유정을 소개해 주었고, 정운호는 어떻게든 풀려나게 해준다는 조건으로 최유정과 수임료 50억 원에 계약을 맺었다.

문제는 정운호의 보석 신청이 기각되면서 발생했다. 이에 최유정은 50억 원을 착수금 명목으로 챙겼다. 하지만 정운호는 50억 중 5억 원을 제외한 나머지 45억 원의 반환을 요구했다. 이 일로 구치소 내에서 시비가 붙었고, 정운호가 최유정을 폭행했다는 논란이 일며 언론에 대대적으로 보도되었다.[9] 취재와 수사가 시작되면서 최유정이 송창수로부터 전관예우를 이용한 재판부 로비 명목으로 100억 원대의 부당 수임료를 받은 사실이 드러났고, 최유정은 도주를 감행했다가 변호사법 위반 혐의로 구속기소 되었다.

9) 나는 뉴스에서 '여변호사 폭행'이라는 기사를 보며 수임료 50억 원이라는 내용을 확인했고, 직감적으로 그 변호사가 최유정일 것으로 생각했다. 그래서 구치소에 있는 정운호 대표를 접견하여 이 사실들을 확인했다.

최유정이 비운 사무실에 대한 압수수색이 이뤄지고, 기자들이 상주하기 시작했다. 우리 사무실에도 기자들이 매일 찾아오는 탓에 지칠 대로 지쳐있었던 나는 가족들과 휴가를 보내러 떠났다가 모르는 번호로 걸려 온 한 통의 전화를 받게 되었다. 서울신문 서유미 기자였다.

"제가 최 변호사 사무실 여자 화장실 쓰레기통에서 찢겨 버려진 종이를 발견하고, 이를 이어 붙여 봤는데 여기에 변호사님 이름이 나와 있어서 전화드립니다."

"〈김XX 절도 부분〉"이라는 제목의 쪽지 내용은 충격적이었다.

"김 씨와 김모 변호사가 결국 돈이 목적인 만큼 김 변호사에게 (송 대표 측에) 돈을 요구하도록 유도하고, 미리 경찰에 얘기해 돈을 건네는 현장을 급습해 긴급체포하도록 할 것."

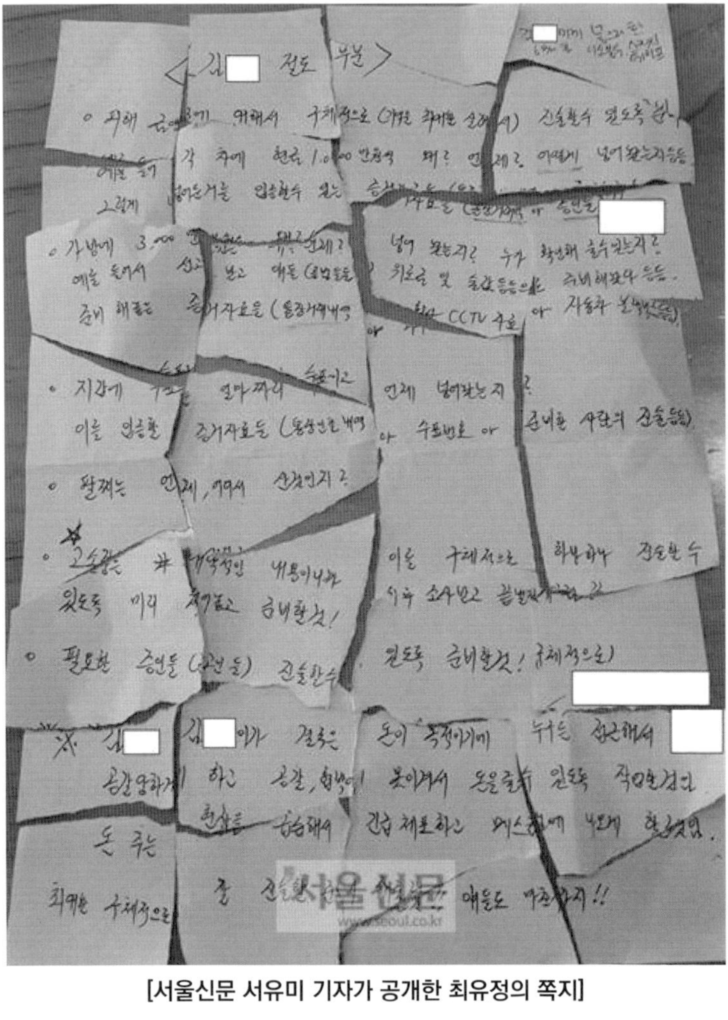

[서울신문 서유미 기자가 공개한 최유정의 쪽지]

최유정과 당시 강남경찰서와의 유착 고리였던 이동찬은, 경찰에게 눈엣가시였던 나를 공갈 혐의로 긴급체포할 것을 기획하는 작전을 짰고, 그 메모를 도주하면서 찢어 화장실에 버리고 간 것이다. 믿기지 않았다. 피해자의 대리인을 공갈범으로 몰아 긴급체포할 계획을 꾸미고 있었다니. 설마 대한민국 경찰이 썩어도 그렇게 썩었을까?

어떻게 이런 기획이 가능했던 것일까? 이동찬은 이전부터 강남경찰서에 전방위적인 로비를 진행해 왔다. 화려한 언변으로 여경 B 씨를 유혹해 4년간 동거하며 남편 행세를 한 적도 있었는데, 이때부터 강남서 경찰들과 두루두루 어울려 지냈다. 그리고 이번 이숨투자자문 사건에서는 강남경찰서 간부와 경위에게 각각 수천만 원씩 뇌물을 쥐여주며, 자신에게 불리한 진술을 한 운전기사 김XX를 회유하고 피해자 측 변호사인 나에 대한 보복 수사를 요청했던 것이었다.

실제로 김XX가 강남경찰서에서 절도 혐의로 경찰 조사를 받고 와서 내게 '피의자로 제가 조사받는 건데, 경찰이 2시간 동안 제 일은 안 물어보고 계속 김 변호사님에 대해서만 물었습니다'라고 전했다. 나를 공범으로 긴급체포할 준비를 했던 것이었다.

다행히 이 계획이 실현되기 전에 '정운호 게이트'가 터졌고, 서유미 기자가 버려진 쪽지를 발견해 나는 함정을 피할 수 있었다. 이후 이를 주도한 이동찬은 구치소에서 내게 접견을 요청했는데, 접견하러 갔더니 지금 송창수가 나를 연변 청부살인업자를 고용하여 청부

살해하려 하니 조심하라고 겁박했다.[10] 마치 나를 위하는 척 한 말이지만, 실제는 나를 협박하려는 목적임을 쉽게 알 수 있었다.

천문학적 규모의 돈, 수많은 사람의 인생이 걸려있는 사생결단의 싸움이 금융사기 사건이라는 것을 실감하게 해준 사건. 사법당국을 동원한 기획 수사와 살해 협박을 처음 경험하고 보니 한동안 각종 트라우마에 시달려야 했다. 지금 당장 내가 어떻게 되지 않을까? 내 가족들은 안전할까? 일반 사람들이 이런 걱정을 하면 망상이라 하겠지만, 나에게는 현실이었다. 그렇기에 이 사건을 계기로 다시는 금융 피해 사건을 맡지 않겠노라. 다짐했던 나였다.

하지만 김한석 씨의 전화 한 통에 나는 무언가에 이끌리듯 다시 금융 피해자의 편에 서게 되었다. 이번에는 규모도 역대 최대라 불리는 거대한 판이었고, 상대는 정관계에도 손이 미치는 거대한 세력이었다. 막대한 자본을 들여 대형 로펌을 선임하는 것은 물론이거니와, 이번에는 또 어떤 일을 벌이려 할지 알 수 없었다. 나에게 돈이 되는 사건도 아니었다. 금융기관을 대리하면 돈을 벌겠지만, 이미 막대한

10) 나는 당시 이 사건을 수사하고 있던 특수부 검사에게 메일을 보내 이동찬이 말한 살해 위협에 대하여 기록을 남겼다. 혹시라도 내가 살해당한다면 절대로 자살한 것이 아님을 남기기 위해서였다. 그리고 송창수를 접견하여 직접 물었다. "당신이 날 살해하려 청부살인업자를 고용한 게 맞느냐?"라고. 물론 아니라는 답변을 들었지만, 당시 이 사건을 수행하면서 난 극심한 스트레스에 시달려야 했다.

피해를 본 금융 피해자들로부터 무슨 돈이 나오겠는가.

그럼에도 불구하고 이 사건은 맡아야 한다, 그리고 반드시 이겨야 한다는 생각이 들었다.

그리고 난 자신 있었다.

03 '녹취파일'에서 단서를 찾다.

쫄리면 뒈지시던지

이런 금융사건을 맡으면 가장 어려운 것이 증거 수집이다. 특히 투자자로서 증권사나 은행을 상대로 소송을 진행하려면 민사소송법상 '증명책임'이라는 큰 걸림돌이 앞을 가로막는다. 손해배상을 청구하건 부당이득을 청구하건 그 증명책임은 이를 주장하는 원고, 즉 투자자에게 있다. 그런데 모든 증거 자료는 피고, 즉 금융기관이 가지고 있다. 이렇다 보니 투자자가 승소하는 경우가 매우 드물고, 설사 승소한다 해도 배상 비율이 매우 낮게 책정되는 현상이 반복된다. 또한, 상대방은 막대한 자금력으로 김앤장, 태평양, 세종, 율촌, 광장 등 대형 로펌을 백화점 쇼핑하듯 다니며 선임하여 재판정에서 피해자를 상대로 엄청난 물량 공세를 퍼붓는다. 반면 피해를 본 투자자들은 피해액에 더해 추가로 변호사 비용까지 들이는 것이 부담스러워서, 대부분 전문성도 부족한 개인 변호사를 저렴하게 선임하여 대응하는 경우가 많다. 그 때문에 처음부터 이길 수 없는 게임이라 해도 과언이 아니다.

피해자들은 '쫄릴' 수밖에 없다. 아무리 저렴한 변호사를 선임한다고 하더라도 엄청난 장기전에 돌입해야 하기에 많은 시간과 돈이 필요하다. 1심을 이긴다고 해도 금융기관은 항소할 것이고, 신의 가호를 받아 항소심마저 이긴다 해도 대법원이 기다리고 있다. 라임 사건 이전에 가장 큰 금융사건이라면 KIKO(키코) 사건을 들 수 있는데, 투자자들은 1심에서 241건 중 195건을 패소하였고, 46건에 대해서만 일부 승소 판결을 받아냈다. 항소심에서는 153건을 진행했는데, 투자자들은 이 중 101건을 전부 패소하였고, 52건의 일부 승소 판결을 받았다. 상고심 역시 71건 중 18건만 일부 승소 판결이 인정되고 나머지는 전부 기각되어 사실상 패소하였다. 실제로 많은 투자자가 소송을 진행하는 과정에서 시간과 비용의 문제로 중도 포기하는 경우가 많다. 1심의 결과가 어떻게 나오든 금융기관은 반드시 항소하지만, 투자자들은 1심에서 패소하면 대부분 항소를 포기한다.

막대한 자본과 전문 인력을 앞세운 법정에서 그들은 투자자들에게 이렇게 말하는 듯하다.

'쫄리면 뒈지시든지.'

김한석 씨의 녹취록

나는 이런 금융 투자자 소송의 어려움을 누구보다 잘 알고 있었다. 그래서 사건 수임 후, 라임 사건의 증거를 수집하는 데 모든 힘을 쏟았다. 이런 증거 수집에 중요한 실마리를 마련해 준 것이 바로 김한석 씨의 녹취록이었다.

김한석 씨는 라임 사태가 터진 후, 자신의 소개로 라임펀드에 가입한 이재용 아나운서에게 너무나 미안한 나머지 대신증권 장 센터장을 직접 찾아가 라임펀드를 회수할 방안에 대하여 여러 가지를 문의했다. 그런데 너무나 어려운 금융 용어가 많아 이를 듣고도 도저히 이재용 아나운서에게 설명해 줄 수 없다고 판단하고, 장영준의 설명을 그대로 녹음하기 시작했다. 사건을 내게 맡기면서 그 녹취파일도 함께 건네주었는데, 그 내용을 들으면서 나는 큰 충격을 받았다. 도저히 금융기관의 직원, 그것도 지점장이라 할 수 있는 센터장이 할 수 있는 말들로 가득했고, 이 사건이 단순한 펀드 부실로 인한 것이 아니라는 것을 알 수 있는 내용까지 담겨 있었기 때문이다.

○ 장영준 : 아- 그 회장이라는 분이 나이 그렇게 안 많아요. 안 많은데 로비를 어마무시하게 해요.

○ 김한석 : 지금, 지금 뭐 언론이나…

○ 장영준 : 자, 그래서 제가…

○ 김한석 : 국민 마인드는 이제 펀드를 안 하겠다. 이건데.

○ 장영준 : 자! 어디 어디서 들어올 거냐면, 제가 오늘 이거, 이거 형님한테만 얘기드리는 거예요.

[김한석-장영준의 2019년 12월 19일자 녹취록 중]

이 녹취록에서 '어마무시'하게 로비한다는 '회장'이 바로 김봉현이다. 장영준은 김봉현에 관한 이야기를 하면서 이 사건이 단순 금융사기 사건보다 훨씬 큰 배후가 있음도 암시했다.

○ 장영준 : 지금 그쪽 만나는 네트워크 쪽인데, 이쪽이 키(Key)예요.

○ 김한석 : 하! 진짜?

○ 장영준 : 여기가 금감원에서 이쪽으로 간 거예요.

○ 김한석 : 어-. (놀람)

○ 장영준 : 여기가 키예요. 여기가 들어올 거예요. 여기가 14조를 움직여요.

○ 김한석 : 야! 근데 이거는 나랏돈인 거야, 아니면 이 사람 돈인 거야?

○ 장영준 : 아니죠! 그러니까 이 사람이 핵심 키고!

○ 김한석 : 아, 핵심 키고.

○ 장영준 : 네트워크가 쭉 있는 거예요. 서울대 경제학과 나오고 NYU 나왔거든요.

○ 김한석 : 야, 근데 대통령 비서실에서 이렇게 하면, 사실, 이, 이것도 조국 펀드…

○ 장영준 : 사실 라임 거요. 라임 거.

○ 김한석 : 조국 때문에 이렇게…

○ 장영준 : 다 막았었어요. 이분이 다 막았었어요. 그 김상조... 할 때 가서 우리은행 그 내부 문건 저 기사에 보셨죠?

[김한석-장영준의 2019년 12월 19일자 녹취록 중]

김한석 씨에 의하면 이 당시 장영준이 직접 그 행정관의 명함까지 꺼내 보여주었다고 한다.

어마무시한 로비를 한다는 회장님과 라임과 관련된 문제를 덮어준 금감원 출신 청와대 행정관의 등장. 나는 이번 사건이 지난 이숨투자자문 사건과는 차원이 다른 수준이라는 것을 직감할 수 있었다. 그리고 이 녹취록을 근거로 개그맨 김한석, 아나운서 이재용 씨 등을 대리하여 증권사와 장 센터장을 '특정경제범죄 가중처벌 등에 관한 법률 위반 (사기)'와 '자본시장법 제178조 위반 (사기적 부정거래 행위)'로 서울 남부지방검찰청에 형사고소하였다.

이 녹취록 (녹취파일)은 SBS 임찬종 기자의 단독 보도를 통해 세상에 알려지기 시작했고, 김봉현뿐 아니라 녹취에 등장하는 김 전 행정관에 대한 수사도 시작되었다. 그러면서 김봉현이 김 전 행정관과 검찰 출신 이 모 변호사, 검사 3명 등에 룸살롱 접대를 했다는 사실, 김 전 행정관이 김봉현에게 감사를 진행 중이던 금감원의 내부 문서를 열람할 수 있도록 그 대가로 골프 비용, 술값 등 총 3,700여만 원 상당의 뇌물을 받았다는 사실, 그리고 김봉현이 금감원 감사 정보를 알려준 김 전 행정관의 동생을 사외이사로 취업할 수 있도록 알선해 주었다는 사실 등이 모두 수사와 취재를 통해 드러나기 시작했다.

김한석 씨의 녹음 파일이 없었다면 이들에 대한 수사도, 처벌도 이뤄지기 어려웠을 것이다. 장영준과의 대화를 녹음해야겠다는 김한석 씨의 결심이 라임 사태 판도라의 상자를 열어준 셈이다.

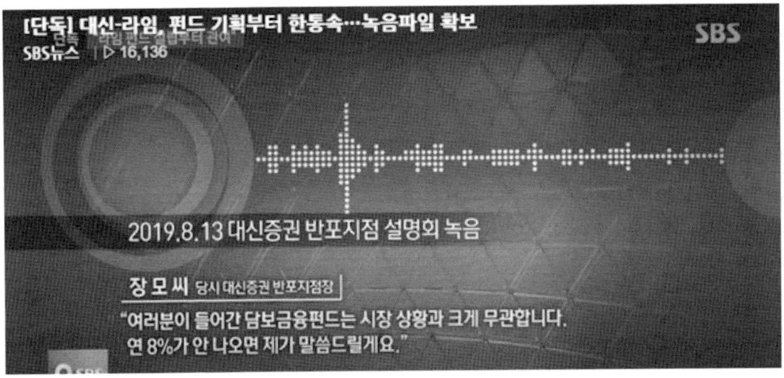

[SBS 뉴스보도 내용 중 발췌]

04 블라인드 펀드

사기 취소를 원인으로 한 부당이득반환 청구

2020년 2월. 나는 장영준이 근무했던 대신증권을 상대로 사기 취소를 원인으로 한 부당이득 반환청구 소송을 가장 먼저 제기하였다. 지금껏 금융상품 불완전판매 사건에서 사기 취소로 부당이득반환이 인정된 예는 없었다. 다만 소위 항공펀드 사건에서 사기 취소가 아닌 착오로 인한 취소가 인정된 예가 단 한 번 있었을 뿐이었다. 그렇기에 금융사건을 다뤄본 변호사 지인들은 사기 취소가 인정될 리 만무하다며 나의 이러한 시도를 무모하다고 여겼다.

사기 취소는 기망행위로 인해 착오에 빠져 의사표시를 한 경우, 그 의사표시를 취소하는 것을 의미한다. 고의로 상대방을 속이는 행위나 중요한 사항을 알리지 않는 기망행위가 있고, 이로 인해 착오에 빠져 어떤 법률행위가 벌어졌으면 그 법률행위를 처음부터 없었던 것으로 돌려놓는 것이다.

대부분 법조인이 사기 취소에 대해 회의적이었던 것은 금융기관이, 그것도 대한민국의 가장 큰 은행과 증권사들이 고객을 대상으로 사기를 쳤을 리 없다고 생각했기 때문이다. 그리고 설령 어떤 기망행위가 있다 하더라도 그것이 증권사 직원 개인의 문제일지, 아니면 금융기관들의 조직적 행위였는지 알기도 어렵거니와 금융기관의 조직적 기망행위를 입증하기는 더더욱 어려운 일이다. 그 때문에 후자를 섣불리 주장했다가는 음모론자로 낙인찍히기에 십상이다.

하지만 내 생각은 달랐다. 라임 사태는 단순 투자 피해만 최소 1조 6천억 원 이상으로 추정된다. 더욱 심각한 문제는 라임펀드에 투자한 투자자들의 피해만이 존재하는 것이 아니라는 점이다. 라임펀드가 기업사냥을 목적으로 투자한 기업들의 피해까지 합산할 경우, 그 피해는 몇 배에 이를 수 있다. 라임펀드의 불법적 운용과 기업사냥으로 인해 상장폐지가 되었거나 기업 사냥꾼의 업무상 횡령 등으로 인한 주가 폭락으로 피해를 본 소액투자자들의 수까지 합하면, 피해자 수는 수만에서 수십만에 이를 것으로 추정되는 희대의 금융사기 사건이다. 이러한 사기가 조직적으로 이뤄지지 않았다면 어떻게 가능하겠는가?

내가 판단한 구조는 다음과 같다.

1. **자금모집책** : 대신증권, 신한금융투자, 우리은행과 같은 판매사들과 장영준과 같은 핵심 PB
2. **쩐주 역할** : 라임자산운용(아바타 자산운용사 – 라움자산운용, 포트코리아자산운용 등)
3. **기업사냥 세력** : 김봉현 회장, 이인광 등 쩐주의 자금을 이용하여 기업의 경영권을 취득한 후, 배후에서 회사 유보자금을 인출 및 조종, 이후 주식 매각
4. **주가조작 세력** : CB 발행 및 전환사채 자금 납입, 신사업 테마 등을 이용한 주가조작 세력, 미공개 정보를 이용한 내부자 거래
5. **자금인출 및 세탁 세력** : 바지로 내세운 자들을 이용한 회사 자금인출, 법무법인 에스크로 형식을 빌린 자금 횡령 조력 세력, 기장거래나 대여, 타 법인 양수(터무니없는 가격의 고가 인수 방식) 등을 통한 페이퍼컴퍼니 동원 인출, 김영홍의 메트로폴리탄 등을 통해 해외로 자금을 빼돌리는 방법 동원
6. **범행 비호세력** : 청와대 행정관 김 씨 등 관련 기관 관계자들이나 정치인을 통한 권력 개입

나는 처음부터 라임 사태를 대규모 조직적인 금융사기 사건으로 규정짓고, 피해자들의 구제를 위해 가장 필요한 것은 투자자들에게 희망을 줄 수 있는 선행 판결을 받아내는 것으로 생각했다. 100% 배상 판결을 가장 먼저 받아내면 다른 피해자들에게도 피해를 보상할 수 있는 길이 열리기 때문이다. 설사 일부 투자자들이 소송이 아닌 금융감독원 분쟁조정을 신청하더라도 선행 판결이 분쟁조정 과정

에서 피해자들에게 더 유리한 주장의 논거로 제시될 수 있을 것이기 때문이다.[11)]

안타깝게도 장영준은 라임 사태가 터진 이후 자신의 고객들에게 자신이 소개한 로펌을 통해 상담받도록 유도했는데, 그 로펌에서 소송은 승산이 없으니 금감원에 분쟁조정을 신청하는 것이 좋다고 부추겨 민사소송이나 형사고소를 하지 않도록 유도하였다. 그리고 장영준의 계획대로 투자자 중 상당수가 사건 수임을 내가 아닌 그 로펌에 맡기게 되었다. 투자자들은 이렇게 장영준에게 끝까지 속은 것이다.

---

11) 이후에 서술하겠지만, 대신증권에 대한 라임펀드 사건에서 최초로 100% 승소 판결을 받아냄으로써, 이 판결은 내가 수임하지 않은 수많은 라임펀드 투자 피해자들의 분쟁조정 사건에서도 펀드별로 80~100%의 배상 비율이 인정되는 근거가 되었다. 통상 과거 불완전판매 사건에서 분쟁조정으로 인정된 배상 비율은 10~40% 정도에 불과했었다. 결국, 사건을 변호사인 나에게 맡기지 않은 피해자분들도 선행 소송의 결과로 높은 배상 비율을 인정받게 되는 긍정적 결과를 얻게 되었다.

블라인드 펀드[12)]

소장을 접수하고 얼마 뒤 첫 재판이 열렸다. 피고 측(대신증권)의 소송대리인은 늘 그렇듯이 우리나라 부동의 1위 대형 로펌 김앤장 법률사무소가 선임되었다. 피고 측 변호사는 법정에서 원고(투자자)들의 청구를 기각해 달라고 하면서 증권사는 아무런 잘못이 없기에 고객들에게 배상할 책임이 전혀 없다는 주장을 너무나도 태연하게 하였다. 의뢰인인 대신증권 측의 의견대로 진술한 것이기는 하지만, 투자자를 대리하는 처지에서 그런 피고 측의 변론을 들으면 아무리 소송을 대리하는 처지인 변호사라 하더라도 '어떻게 저렇게 뻔뻔한 주장을 할 수 있을까?' 하는 생각이 들기 마련이다. 변호사도 이러한데, 피해자들은 피가 거꾸로 솟는 기분이 아닐까? 그래서 가끔 법정에 방청을 온 피해자들은 변론을 참지 못하고 고성을 지르기도 한다.

그들이 아무런 책임이 없다는 주장의 핵심 논거는 라임펀드가 바로 '블라인드 펀드'라는 것이다. 블라인드 펀드란 투자 대상을 정하지 않은 상태에서 자금을 먼저 모으고, 이후 투자처를 찾아 투자하는 방식의 펀드를 말한다. 쉽게 말하면 마트(증권사)는 과수원(라임자산

---

12) 블라인드 펀드는 투자 대상을 사전에 특정하지 않고 자금을 먼저 모집한 뒤 운용사가 정한 전략에 따라 투자를 집행하는 펀드다. 투자자는 개별 자산이 아니라 운용사의 전문성과 운용 전략을 신뢰하여 참여한다. 주로 사모펀드와 벤처펀드에서 표준적으로 활용되는 구조다. 다만 정보 비대칭이 크기 때문에 설명의무와 운용 과정의 투명성이 특히 중요하다. 투자 대상이 확정된 것처럼 설명할 경우 불완전판매나 사기 책임이 문제가 될 수 있다.

운용)에서 사과를 상자째 받아서 파는데, 마트 처지에서는 사과 상자 안에 뭐가 들었는지, 사과가 썩었는지, 최상품인지 가려져 있어 알 수 없다는 것이다. 그런데 우리는 마트에서 산 물건은 마트에서 환불받는다. 과수원까지 가서 사과를 환불받는 사람은 없다.

블라인드 펀드는 투자 대상을 미리 정해두지 않은 상태에서 투자자를 모아 투자 자금부터 조성하고 나중에 적당한 투자 대상을 확보하여 투자하는 방식이기 때문에 이를 '선(先) 모집, 후(後) 투자 방식'이라고도 한다. 대략 A등급의 기업 채권에 투자한다든가, 공기업 채권에 투자한다든가 하는 등의 개괄적인 자금 운용 계획만 짜놓을 뿐 구체적으로 어떤 기업에 어느 정도의 자금을 투입할지는 미리 정해두지 않은 상태이므로, 원칙적으로는 블라인드 펀드를 판매하는 증권사도 펀드의 투자 대상을 알지 못한다. 김앤장은 이 점을 재판부에 피력한 것이다. 다시 말해 김앤장의 주장은 과수원에서 최상급 사과가 든 사과 상자라고 설명하기에 이를 받아서 판매한 것일 뿐 그 안에 온통 썩은 사과가 들어있다는 사실은 마트에서 알 수 없었고, 그렇기에 책임이 없다는 것이다.

재판장은 처음에 피고 측의 주장에 수긍하는 듯했다. 자본시장법 교과서를 봐도 라임자산운용이 판매한 상품은 개념상으로 블라인드 펀드임이 분명했기 때문이다. 자본시장법상 판매사인 증권사가 블라인드 펀드인 라임펀드를 조사할 의무도 없고, 라임자산운용에서 제공하는 투자 설명서대로 고객들에게 설명하면 그만이었다. 그 때문에 법리상으로 피고 측의 주장은 타당했다.

그러나 재판이 진행된 지 1년쯤 지났을 무렵, 판이 바뀌었다.

녹취록 전체를 살펴보면 장영준은 이상하리만큼 라임펀드의 투자대상 회사들을 너무나도 잘 알고 있었는데, 그 이유가 밝혀졌기 때문이다. 검찰이 수사한 증거 기록을 입수하여 분석한 결과 반포 WM센터의 거의 모든 직원이 라임펀드가 투자한 기업들에 개인적으로 투자하고 있었다는 점이 드러났다. 장영준은 대신증권 계좌를 이용하여 장영준 명의와 처 한XX의 명의[13]로 2017년 9월부터 라임자산운용이 투자한 상장기업인 에스모, 슈펙스비앤피, 하이소닉, 동양네트웍스, 리드, 스타모빌리티[14] 등의 주식을 미리 매수하고, 라임자산운용의 자금이 투자되었다는 공시가 있고 난 이후 주가가 상승하면 이를 매도했다.

---

13) 자본시장법 제63조 제1항 제1호 '자기 명의로 매매할 것'이라는 규정을 위반한 것에 해당한다.

14) 앞서 녹취록에서 장영준이 어마무시한 로비를 하는 회장으로 지칭한 김봉현이 사주로 있던 회사다.

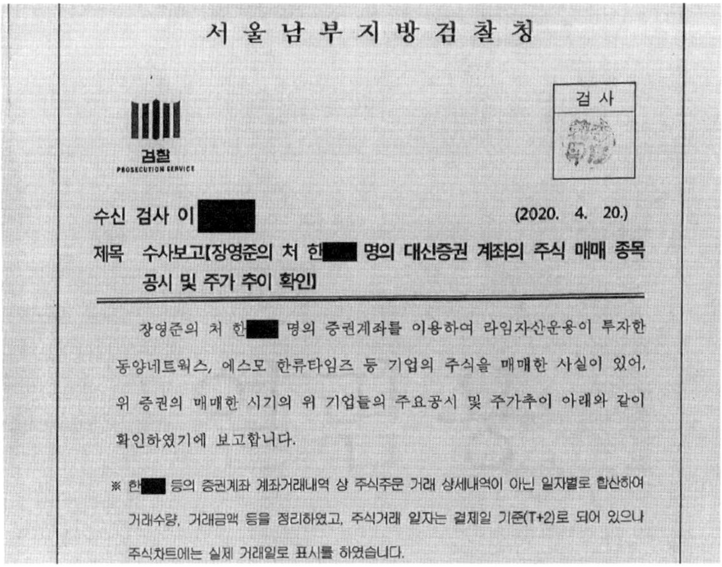

서 울 남 부 지 방 검 찰 청

검찰
PROSECUTION SERVICE

검 사

수신 검사 이 (2020. 4. 20.)

제목 수사보고[장영준의 처 한 명의 대신증권 계좌의 주식 매매 종목 공시 및 주가 추이 확인]

장영준의 처 한 명의 증권계좌를 이용하여 라임자산운용이 투자한 동양네트웍스, 에스모 한류타임즈 등 기업의 주식을 매매한 사실이 있어, 위 증권의 매매한 시기의 위 기업들의 주요공시 및 주가추이 아래와 같이 확인하였기에 보고합니다.

※ 한 등의 증권계좌 계좌거래내역 상 주식주문 거래 상세내역이 아닌 일자별로 합산하여 거래수량, 거래금액 등을 정리하였고, 주식거래 일자는 결제일 기준(T+2)로 되어 있으나 주식차트에는 실제 거래일로 표시를 하였습니다.

[검찰이 장영준의 처 명의 증권계좌를 조사한 수사보고서]

장영준 외에도 이XX, 강XX, 구XX, 최XX, 박XX, 이XX, 박XX, 이XX, 김XX, 강XX, 주XX, 이XX, 모XX, 원XX, 한XX 등 거의 모든 대신증권 반포지점 직원들이 장영준이 알려준 정보를 이용하여 장 센터장과 같은 날 매수하고, 같은 날 매도하는 패턴을 보였다. 그리고 이들은 모두 대신증권의 계좌를 이용하여 거래했다. 장영준은 법정에서 자신은 애널리스트로부터 추천받은 종목에 투자한 것이고, 그것이 우연히 라임펀드의 투자 대상 기업들과 일치했을 뿐이라 주장했다. 하지만 투자 대상 기업들이 정상적인 애널리스트라면 추천해 줄 만한 종목도 아니었을뿐더러, 수천 개의 상장기업 중 라임펀드가 투자한 기업과 정확하게 일치하는 종목들만 추천하는 것은 불가능하다. 로또 숫자가 45개인데 그중 6개를 맞출 확률이 814만

5,060분의 1인데, 수천 개의 상장 회사 중 저 기업들만 골라서 추천할 확률은 장영준이 김한석 씨에게 말한 것처럼 로또 당첨 확률보다 낮다. 나는 곧바로 그를 위증으로 고소했다.

이러한 사실들이 밝혀지면서 김앤장의 블라인드 펀드 주장은 힘을 잃게 되었다. 라임펀드 판매 직원들은 사과 상자 안에 든 사과가 썩었다는 사실을 모두 알고 있었다는 것이 밝혀졌기 때문이다. 앞서 열거한 라임펀드 투자 대상 기업들은 모두 상장폐지 되었거나 상장폐지 절차가 진행 중인 기업으로 고객들에게 설명한 A등급 기업은 단 한 개도 없었다. 그야말로 전부 썩은 사과였다.

그들이 썩은 사과만 골라서 산 이유

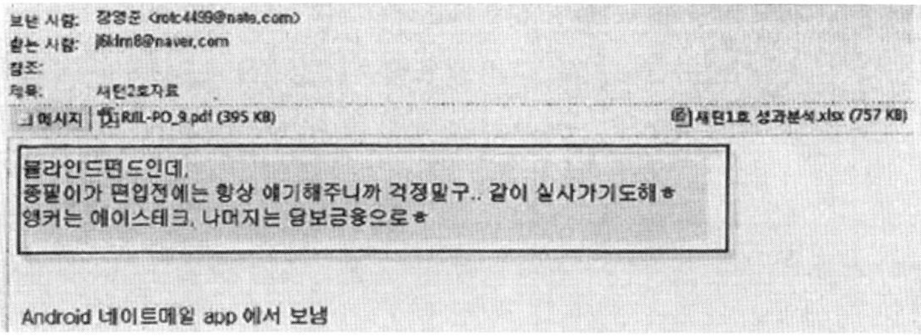
보낸 사람: 장영준 <rotc4499@nate.com>
받는 사람: j6kim8@naver.com
참조:
제목: 새턴2호자료
메시지 | RILL-PO_9.pdf (395 KB) | 새턴1호 성과분석.xlsx (757 KB)

블라인드펀드인데,
종필이가 편입전에는 항상 얘기해주니까 걱정말구.. 같이 실사가기도해ㅎ
앵커는 에이스테크, 나머지는 담보금융으로ㅎ

Android 네이트메일 app 에서 보냄

[장영준 센터장이 다른 투자기관에 보낸 이메일]

그렇다면 이런 의문이 생긴다. 대신증권 직원들은 왜 라임펀드의 썩은 사과만 골라서 투자한 것일까?

코스닥 종목들은 시가총액이 그리 크지 않다. 보통 1,000억 원에서 5,000억 원 정도 사이의 시가총액을 가지는 종목이 대부분인데, 이런 기업에 라임자산운용과 같은 기관이 300억 원 정도를 CB(전환사채)[15] 매입의 방식으로 투자하게 되면 거의 시가총액의 10%에 가까운 금액이 투자되는 것이므로 주가가 상승하는 것이 일반적이다. 그 때문에 페이퍼컴퍼니를 이용해서 사채시장의 자금을 통해 CB를 발행하고, 이를 공시하여 주가를 띄우는 수법이 주가를 조작하는 흔한 수법 중 하나이다. 라임자산운용은 KB증권이나 신한금융투자를 이용하여 CB 투자를 진행하고, 위 이메일에 등장하는 이종필 라임자산운용 부사장은 부실기업, 한계기업들로부터 뒷돈을 받고 투자를 해주었다. 이런 식으로 투자를 진행해서 주가를 올린 후, 주가조작 세력들과 이익을 나누는 것이 라임자산운용의 방식이었다.

대신증권 장영준은 이러한 방식을 너무나도 잘 알고 있었다. 라임이 어떤 기업에 투자한다는 공시가 뜨기 전에 이종필로부터 정보를 얻어 해당 주식을 매수하였고, 자신의 지시를 받아 고객들에게 라임펀드를 열심히 팔아주는 직원들에게도 그 정보를 공유했다.[16] 라임펀드에서 돈이 투자된다는 공시만 뜨면 일시적으로 주가가 오르는

---

15) 일정한 조건에 따라 채권을 발행한 회사의 주식으로 전환할 수 있는 권리가 부여된 채권으로서, 전환하기 전에는 사채로서의 확정 이자를 받을 수 있는데, 주가가 상승할 것으로 예상되거나 주가가 상승하면 주식으로 전환하여 주식으로서의 이익을 얻을 수 있는, 사채와 주식의 중간 형태를 취한 채권이다.

16) 이는 명백한 내부자 거래에 해당한다.

데, 그것이 부실기업인지는 중요치 않았다. 그들은 철저히 매매차익만을 노린 것이다.

이들뿐만이 아니었다. 다른 은행과 증권사도 라임펀드가 썩은 기업에 투자하고 있다는 사실을 알고도 펀드를 판매했다. KB증권이 라임펀드에 대해 조사한 보고서에 따르면 라임펀드에서 투자한 기업 중 단 한 곳도 A등급 기업이 없었다. 라임플루토와 라임테티스에 투자된 총 2,562억 중 대부분인 2,377억 원이 모두 무등급 기업에 투자되었다.

[라임플루토, 라임테티스 편입 메자닌/사채 등급 및 만기]

구 분	에이스 테크놀로지26	에이스 테크놀로지27	지투하이소닉	아이엠오아이2	슈펙스 비앤피14	기타
신용등급	**B+**	**B+**	**D (편입시 B)**	무등급	무등급	무등급
만기	'20.4월	'20.1월	'21.5월	'19.6월	'19.2월	26종 채권
금액	80억	80억	25억	50억	50억	2,277억

[KB 증권에서 2019년 2월 22일에 작성한 라임펀드 조사보고서 일부]

위 내용이 기재된 라임펀드 조사보고서 문건은 2019년 2월 26일 KB증권 김XX 팀장으로부터 우리은행 측 담당자에게도 전달되었다. 스트레스 테스트 결과 수익이 나기는커녕 -33% ~ -36%에 달하는 손실이 날 수 있다는 사실을 우리은행도 알게 된 것이다. 충격적인 것은 이러한 사실을 인지한 우리은행이 2019년 4월경까지 계속 라임펀드를 고객에게 안전한 상품이라면서 판매했다는 것이다.

은행과 증권사는 블라인드 펀드라는 이름 뒤에 숨어 끝까지 책임을 회피하려 했지만, 누구보다도 자신들이 판매하는 상품에 대해 잘 알고 있었으며, 이러한 정보를 이용해 조직적이고 적극적으로 피해자를 모집하는 등 사기 행각을 벌였다. 그렇지 않고서 이렇게 천문학적 피해액과 수만에서 수십만의 피해자가 양산될 수 없다.

은행은 사기를 치지 않는다는 믿은 피해자들은 잘못이 없다. 하지만 변호인이 은행이 사기를 칠 리 없다고 믿는 것은 잘못된 것이다.

05 어떻게 펀드 평가액이 '제로'가 될 수 있을까?

TRS(Total Return Swap, 총수익스와프)

정상적인 펀드라면 부실이 있다 하더라도 투자한 기업 수십 개, 수백 개가 전부 망할 경우를 가정하기는 어렵기에 펀드 평가액이 제로가 될 수 없다. 그런데 라임펀드의 평가액은 제로가 되었다.

라임자산운용의 펀드들은 라임 사태 이후 웰브릿지자산운용으로 이관되었는데, 소송상에서 예비적으로 청구한 손해배상 청구의 입증을 위해서 '손해액'을 특정하기 위해 나는 이들로부터 이관된 펀드의 평가 잔액이 얼마인지 확인해야 했다. 그런데 웰브릿지는 라임자산운용과 비밀유지 계약을 맺었다는 등 말도 안 되는 변명을 늘어놓으며 평가액 공개를 거부했고, 법원의 사실조회에도 응하지 않았다. 이 소송은 반드시 이겨야 했던 나는 재판부에 문서제출 명령을 신청하고 프레젠테이션까지 진행해가며 사건을 설명했다. 재판부는 나의 문서제출명령을 받아주었지만, 웰브릿지는 그 결정에 항고를 제기하면서 불복하였다.

어쨌든 소송상에서 이와 같은 우여곡절을 겪은 끝에 확인한 평가액은 내가 예측한 대로 사실상 제로였다.

이들은 도대체 투자자들의 돈으로 무슨 짓을 한 것일까?

투자자들 전부 라임 사태가 터진 이후에 알게 된 사실이지만[17], TRS(Total Return Swap, 총수익스와프)라는 레버리지가 문제였다.

TRS 혹은 총수익스와프는 증권사 등 총수익 매도자가 투자자(총수익 매수자) 대신 주식 등의 기초자산을 자기 명의로 매입하여 담보로 잡고, 자산 가격이 변동하면서 발생하는 이익과 손실은 모두 투자자에게 귀속시키면서 투자자는 이를 대가로 증권사에 수수료를 지급하는 일종의 파생금융 상품이다.

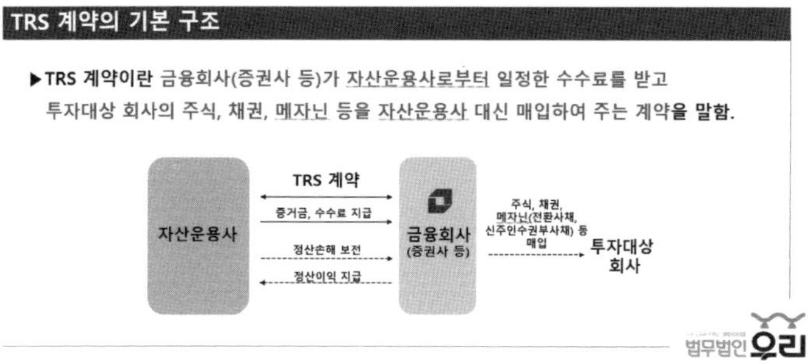

[TRS 기본구조를 재판부에 설명하기 위해 그린 구조 PPT]

---

17) 심지어 대신증권에서는 장영준 센터장을 제외하고는 다른 판매 직원들조차 TRS가 무엇인지 잘 알지 못했던 것으로 보였다.

쉽게 설명하면 이런 것이다.

투자자들의 돈 50억 원이 라임자산운용에 들어가면 라임자산운용은 증권사에 50억 원을 추가로 빌려 총 100억 원의 돈으로 A 기업의 사채를 매입한다. 그런데 이때 증권사는 자신이 빌려준 50억 원을 담보하기 위해서 100억 원 가치의 사채를 증권사 명의로 매입하고 담보로 잡고 있다가, A 기업의 사채 가치가 떨어지면 매각하여 자신이 빌려준 50억 원을 우선 변제받고 나머지를 라임자산운용에 돌려주는 것이다. 그런데 100억 원으로 매입한 사채가 50% 손실이 나서 50억 원의 가치가 되면 증권사는 이를 팔아 자신의 50억 원을 최우선으로 변제받으므로 투자자들에게 돌아갈 돈은 제로가 된다.

그런데 이렇게 고객 리스크가 큰 TRS를 펀드에 적용할 생각은 누가 했을까?

상식적으로 자금을 운용하는 라임자산운용의 김봉현 회장이나 이종필 부사장 같은 사람이 했을 것으로 생각하기 마련이다. 그런데 이러한 구조를 제안하고 실행하기로 한 것은 다름 아닌 판매사인 증권사 직원들이었다. 물론 이들은 자신들이 제안한 TRS 구조의 위험성을 투자자들에게 전혀 알리지 않았다.

○ 장영준 : 네네. 딱새는 라임자산운용이기 때문에 아이디어를, 셋이서 어떻게 하면 좋을까? 아이디어를 하다가 비히클(Vehicle)[18] 펀드를 만들자는 아이디어를 낸 거예요.

○ 여자 1 : 그러니까 아이디어만 내신 거죠?

○ 장영준 : 네네. 이러면 어떨까 이럼.

○ 여자 1 : 라임이 주체인 거죠?

○ 장영준 : 어, 라임이죠. 저희는 못 해요. 저희는 할 수가 없어요. 자, 운용사가 딱새고요, 증권사는 찍새입니다[19]. 네, 저희는 못 해요. 못 해요. 그래서 야, 이렇게 해서 하자라고 해서 이거를 신한금융 투자에 PBS[20] 있는 구조하는 직원이 이제 아이디어를 낸 거예요. 그랬더니 '어, 이거 되겠는데,' 이래가지고 이종필 대표가 '야, 여기다 넣자. 우리는 이렇게 할게. 이래서 TRS 구조하자.' 이렇게 해서 나왔던 아이디어인 거죠. 또 질문 혹시 있으실까요?

[2019년 8월 9일. 대신증권 라임펀드 설명회 녹취록 중]

---

18) '"비히클 펀드'는 벤처 투자나 부동산 투자 등 특정 자산에 투자하기 위한 수단을 의미하는 용어이다. 여기서 '비히클(Vehicle)'은 투자 대상을 담는 '바구니'나 '수단'이라는 뜻으로 사용되며, 여러 투자자의 자금을 모아 펀드 형태로 운용하는 것을 말한다.

19) 찍새와 딱새는 구두닦이에서 유래한 표현으로, 찍새는 고객을 '찍어' 구두를 모아오는 역할, 딱새는 구두를 '닦는' 역할을 수행한다. 고객을 모아오는 사람 따로, 실제 일을 하는 사람 따로인 관계를 이렇게 표현한다.

20) PBS(Prime Brokerage Service)는 증권사가 사모펀드 운용에 필요한 증권대차, 신용 공여, 펀드 재산의 보관·관리 등 일련의 서비스를 연계하여 종합적으로 제공하는 업무를 일컫는다.

이 TRS를 제안하고 실제로 라임자산운용에 레버리지(대출)를 제공한 대표적인 증권사가 바로 신한금융투자이다. 위 녹취록에 의하면, 신한금융투자의 PBS 직원이 아이디어를 냈고, 신한금융투자에서 TRS를 실현해 주었다. 이들 역시 라임펀드를 고객에게 판매했고, 자신의 명의로 라임자산운용이 투자한 자산들에 대하여 담보를 취득했다. 그리고 이들이 잡은 담보물을 처분하여 우선변제를 받아 가는 과정에서 라임펀드의 잔존 평가액은 결국 제로가 되었다.

하지만 이들 역시 법정에서 블라인드 펀드라는 이름 뒤에 숨어 '몰랐기에 책임이 없다'라는 주장을 펼쳤다. 이런 걸 손바닥으로 하늘을 가린다고 하는 걸까?

제로 '0'

이렇듯 펀드 원금은 제로가 되었지만, 대신증권의 장영준 센터장이 라임펀드를 고객들에게 판매할 때에는 '원금 손실 가능성을 제로에 가깝게 조정해 주었다'고 설명했다. 그리고 피해자들은 그의 말을 믿을 수밖에 없었다. 신용을 기반으로 하는 제도권에서 가장 신용이 높다고 하는 비은행권의 센터장이라는 사람이 그렇게까지 이야기하는데, 믿어주는 것이 상식적인 선택이기 때문이다.

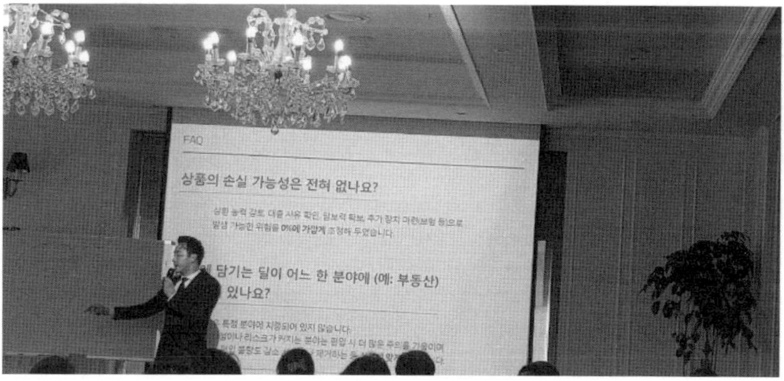

[대신증권 호텔 설명회 장면
– 투자자들을 모아놓고 라임펀드가 발생 가능한 위험을
0%에 가깝게 조정해두었다는 설명을 하고 있다.]

그러나 현실은 원금 '손실'을 제로에 가깝게 한 것이 아니라 투자자들의 '원금'을 제로에 가깝게 만들었다. 아니, 정확하게는 제로에 가깝게 만든 것이 아니라 완벽한 제로로 만들었다. 은행과 증권사들은 그나마 TRS를 통해 우선변제라도 받았으니 자신들의 위험을 0%에 가깝게 조정해 두었다 해도 과언이 아니다.

[한 고객의 라임펀드 수익률 HTS 화면]

하지만 단순히 TRS라는 레버리지 구조만을 탓해서는 안 된다. TRS를 설계한 신한금융투자 직원들이 벌인 행각은 도덕적 해이를 넘어 심각한 부정부패를 보여준다.

라임펀드가 투자한 기업 중에 '리드'라는 코스닥 상장사가 있었다. 리드는 회사 규모가 작고, 경영권 분쟁이 있어 금융기관 등으로부터 투자받기 어려운 상황이었다. 그래도 자금이 필요했던 리드는 신한금융투자 임XX, 심XX 등에게 청탁하여 2017년 3월 16일 라임자산운용과 신한금융투자에서 각각 50억 원씩, 총 100억 원을 무기명식 전환사채로 투자받을 수 있었다. 투자가 이뤄질 수 있도록 도운 신한금융투자 본부장 등 임직원 몇 명은 주식회사 플레이어스파트너스인베스트그룹이라는 회사를 만들었는데, 이들은 리드에 전환사채 대금 50억 원의 3%를 이 회사에 수수료로 입금하도록 요구하여 1억 6,500만 원을 뜯어가기도 했다.

도저히 정상적으로는 투자를 받을 수 없는 기업이 부정한 청탁을 통해 투자를 유치하고, 금융기관의 임직원이 재직 중 별도의 회사를 만들어 편의를 봐준 기업의 돈을 뜯어내다 보니 투자자들의 돈이 남아 있을 리가 없었다. 그나마 남아 있는 돈도 금융권이 TRS로 가져갔다.

피해자들의 투자금만큼이나 바닥을 드러낸 것은 제로가 되어버린 은행과 증권사 직원들의 윤리의식과 도덕성이 아니었을까?

06 대한민국 최초로 이뤄진 불완전판매에 대한 형사처벌

"금융상품을 투자자를 기망하여 팔아도 지금껏 왜 처벌이 되지 않았나?"

앞서도 이야기했지만, 내가 처음 금융상품 불완전판매 사건을 맡은 것은 2011년 즈음이다. 당시 LIG건설 기업어음(CP)[21]을 우리투자증권에서 특정금전신탁[22] 방식으로 판매하였는데, 투자자들에게는 '대기업의 지원 가능성'을 강조하면서 판매하였다. 투자자들은 대기

---

21) 기업어음(CP, Commercial Paper)은 기업이 단기 자금 조달을 위해 발행하는 무담보·무보증의 약속어음으로, 통상 만기 1년 이내의 단기 금융상품이다. 기업은 은행 대출 대신 CP를 발행해 비교적 낮은 비용으로 자금을 조달하고, 투자자는 정해진 만기에 원금과 이자를 상환받는다. CP는 발행 기업의 신용도에 따라 금리와 유통 가능성이 크게 좌우되며, 신용위험을 담보로 하지 않기 때문에 투자자는 발행 기업의 재무 상태를 핵심적으로 판단해야 한다. 국내에서는 증권사를 통해 발행·유통되고, 대기업·금융계열사의 CP는 유동성이 높은 반면 중소·비우량 기업 CP는 상대적으로 위험이 크다. CP는 단기 금융시장의 핵심 수단이지만, 신용 경색 시에는 대규모 부실과 연쇄 위험을 초래할 수 있다는 구조적 한계를 가진다.

22) 특정금전신탁이란 고객이 맡긴 돈의 운용 방법과 대상을 직접 지정하고, 그 지시에 따라 금융기관이 자금을 운용하여 얻은 수익을 돌려주는 신탁 상품이다.

업인 LIG그룹의 지원이 가능하다는 말을 믿고 안전하다는 생각으로 투자하였지만, LIG건설에 대한 지원은 이뤄지지 않았고 결국 LIG건설이 부도나면서 대규모 피해가 발생한 사건이었다.

LIG건설 CP에 투자했던 80대 어르신 분이 내게 사건을 의뢰하여 이 사건을 처음 시작하게 되었는데, 분투 끝에 민사소송에서 최초로 60% 배상 판결을 받아 대대적으로 언론에 보도된 바 있다. 그런데 1심에서 내가 60% 승소 판결을 받은 후, 우리투자증권에서 대형 로펌 4곳을 선임하여 항소에 나섰다. 1심에서 60% 승소 판결이 나자 우리투자증권에서는 이 판결을 깨트리지 않으면 다른 투자자들의 후속 소송이 계속 제기될 것이 불 보듯 뻔했기에 전력을 다해 항소심 대응에 나선 것이다.

그때가 내 변호사 인생에서 가장 힘든 시기 중 하나였다. 대형 로펌 4곳의 서면을 일일이 반박하느라 정말 쉴 틈이 없었다. 하지만 이런 노력에도 불구하고 구조적인 한계를 극복하기에는 역부족이었다. 재판부는 늘 증명책임이 있는 투자자 측에 모든 것을 증명하라고 하고, 대형 로펌들은 전관 출신 변호사들을 전면에 내세운다. 결국, 재판이 증권사 쪽으로 유리하게 흘러가는 느낌을 받게 되는 경우가 많은데, 실제로 최초 60%였던 배상 비율은 항소심에서 30%로 낮아졌다.

[당시 대형로펌 4곳을 상대로 각각 답변서를 작성했던 서면]

더욱이 투자자 측이 증명책임을 지고 있지만, 그 어떤 강제 수단도 갖지 못하는 민사소송에서 증권사가 가지고 있는 증거를 확보하기란 거의 불가능하다. 우리 측에 유리한 증거를 증권사가 제출할 리 만무하고, 문서제출명령이나 사실조회도 임의적 수단에 불과하다.

그래서 고민하고, 또 고민했다. 미국의 유사 사례와 판례들을 검색

해보니 적용 가능한 것들이 나왔다. 미국은 SEC Rule 10b-5[23]를 통해 불완전판매에 제재를 가하고 있고, 이 규정을 그대로 번역하여 만든 조문이 우리나라의 자본시장법 제178조[24]에 있다는 것을 발견

---

23) SEC "Rule 10b-5: Employment of Manipulative and Deceptive Parctices":
It shall be unlawful for any person, directly or indirectly, by the use of any means or instrumentality of interstate commerce, or of the mails or of any facility of any national securities exchange,
(a) To employ any device, scheme, or artifice to defraud,
(b) To make any untrue statement of a material fact or to omit to state a material fact necessary in order to make the statements made, in the light of the circumstances under which they were made, not misleading, or
(c) To engage in any act, practice, or course of business which operates or would operate as a fraud or deceit upon any person, in connection with the purchase or sale of any security."
(번역) SEC "Rule 10b-5: "누구든지 모든 증권의 매수 또는 매도와 관련하여서는 직접 혹은 간접적으로, 주간 통상, 우편, 또는 전국적 증권거래소 시설을 통하거나 혹은 어떠한 수단을 사용하든지 간에, (a) 어떠한 사기적 수단, 계략 또는 술책을 사용하는 행위, (b) 중요한 사실에 관하여 허위기재를 하거나 또는 그 당시의 상황에 비추어 오해가 유발되지 않도록 하기 위하여 표시되어야 할 중요한 사실의 기재를 누락하는 행위, 또는 © 타인에게 사기 또는 기만이 되거나 될 수 있는 어떠한 행위나, 관행 또는 영업활동에 종사하는 행위를 하여서는 아니 된다."

24) 제178조(부정거래행위 등의 금지) ① 누구든지 금융투자상품의 매매(증권의 경우 모집·사모·매출을 포함한다. 이하 이 조 및 제179조에서 같다), 그 밖의 거래와 관련하여 다음 각호의 어느 하나에 해당하는 행위를 하여서는 아니 된다.
1. 부정한 수단, 계획 또는 기교를 사용하는 행위
2. 중요사항에 관하여 거짓의 기재 또는 표시를 하거나 타인에게 오해를 유발시키지 아니하기 위해 필요한 중요사항의 기재 또는 표시가 누락된 문서, 그 밖의 기재 또는 표시를 사용하여 금전, 그 밖의 재산상의 이익을 얻고자 하는 행위

했다. 이거면 되겠다 싶어서 수사기관의 힘을 빌려 증권사의 불법을 밝히겠다는 일념으로 우리투자증권에 대하여 '자본시장법 제178조 위반 (사기적 부정거래행위)'로 고소장을 접수하고 결과를 기다렸다.

하지만 결과는 실망스러웠다. 검찰에서는 경찰로 사건을 내려보냈고, 경찰은 아무런 수사 없이 사건을 종결했다. 당시 경찰서를 찾아가 담당 팀장과 수사관에게 자본시장법 제178조에 대하여 설명을 하면서 기소가 아니라 무혐의 처분이라도 좋으니 수사는 꼭 해달라고 애원했지만, 수사관은 난색을 보이며 내게 말했다.

"판례가 있는 것도 아니고, 자본시장법 위반은 무슨 내용인지도 잘 모르겠습니다."

자본시장법 제178조

이렇게 수사를 통해서라도 증거를 확보해보려 했던 내 계획은 물거품이 되었다. 그렇다고 이런 상태를 그대로 두고 있을 수만은 없었다. 뭐라도 근거를 남겨야겠다고 생각했던 나는 그때의 분노(?)를 동력 삼아 박사학위 논문을 쓰기 시작했다. 형사법을 전공한 터라 자본시장법 제178조를 불완전판매에 적용하여 처벌할 수 있다는 논리적 근거를 마련하는 것이 목표였다.

논문을 써서 반드시 금융상품의 사기적 불완전판매를 한 판매 직원과 금융기관을 처벌할 수 있는 근거를 만들겠다는 일념뿐이었다. 기존 논문이나 책에서 찾을 수 없는 새로운 쟁점을 가지고 논문을 쓴다는 것은 여간 어려운 일이 아니다. 기존에 많이 연구된 쟁점에 자신의 의견을 추가하는 방식으로 논문을 쓰는 것은 그리 어렵지 않지만, 새로 이론을 창조하는 것과 같은 논문을 쓰는 것은 몇 배의 노력이 들기 때문이다.

논문의 제목은 '자본시장법상 금융투자상품의 투자자 보호를 위한 제도에 관한 연구 – 자본시장법 제178조의 해석과 증권 관련 집단소송법 개정 방안을 중심으로'로 정하고, 왜 불완전판매에도 이 규정이 적용될 수 있는지를 논리적으로 증명하는 데 주력하였다. 이 논문은 고려대학교 대학원(법학과)에서 두 번 거절되었고, 2014년 말 세 번째 만에 겨우 통과되었다. 아직 국내에서 자본시장법에 관해 이런 내용으로 논문을 쓴 사람이 없었기 때문에 처음부터 끝까지 논리적 근거를 내가 만들어야 하는 고된 작업이었으니, 두 번의 고배는 어찌 보면 당연한 과정이었다.

그러고 나서 공교롭게 2019년 10월 라임 사태가 터졌다. 다시 한 번 증권사와 판매 직원들을 '자본시장법 위반 (사기적 부정거래 행위)'로 적용하여 고소를 진행할 상황이 만들어진 것이다. 지난번과 달리 이번에는 박사 논문을 통해 논증한 논리적 근거가 뒷받침되어 있었다. LIG건설 사건 때는 어떻게든 증거를 수집해보겠다는 일념으로 임했지만, 이번에는 금융기관 관계자들을 반드시 처벌할 자신이 생겨 있었다. 상대가 누구든 자본시장법 제178조에 대해서만큼은 내가 제일 잘 알고 있을 테니 말이다.

2020년 2월, 나는 대신증권을 상대로 민사소송을 제기함과 동시에 증권사와 장영준을 상대로 '자본시장법 제178조 위반' 및 '특정경제범죄 가중처벌 등에 관한 법률 위반 (사기)'로 형사고소장을 서울남부지방검찰청에 접수하였다. 이번에는 수사가 이뤄졌고, 2020년 12월 2일 서울남부지방법원은 피고인 장영준에게 자본시장법 제178조를 적용하여 징역 2년의 실형을 선고하였다. 대한민국 금융 역사상 불완전판매 사건에서 판매회사인 증권사 직원에게 자본시장법 제178조를 적용하여 형사 처벌한 첫 사례가 그렇게 만들어졌다[25].

사기꾼들의 인신을 구속하고 감옥에 보내는 것은 단순히 정의 구현이나 피해자의 정서 회복 때문에 필요한 것이 아니다. 교화나 반성 따위를 그들에게 기대하는 것은 더더욱 아니다. 다 피해자의 금전적 피해 복구를 위해서다. LIG건설 사건에서는 LIG그룹 삼부자가 구속되었기에 의뢰인들에게 80~100% 배상이 이뤄질 수 있었다. 이숨투

---

25) 실제로 이 사건을 기소한 검찰은 최후 구형을 하면서 이렇게 말했다. "대한민국 금융 역사상 불완전판매를 최초로 기소한 사례"라고 말이다. 내가 논문을 통해 정립한 이론이 실제 사례로 받아들여질 때 느껴지는 카타르시스는 경험하지 못한 사람은 알기 어려울 것이다.

자자문 송창수 대표도 집행유예 직후 긴급 체포되지 않았다면 어떻게든 도주하려 했을 것이다. 라임 김봉현 회장도 전자발찌를 끊고 도주해 48일 만에 검거되었는데, 그 또한 밀항을 시도했던 것으로 알려졌다. 이렇듯 피해자의 피해 복구를 위해서라도 사기에 가담한 모든 사람은 인신구속을 해놓는 것이 꼭 필요하다.

그리고 2020년 12월 2일, 자본시장법 제178조가 역사상 처음으로 그 역할을 해냈다. 수사의 근거로 전혀 활용되지 못했던 조항을 금융 사기범들을 잡아들이는 무기로 재탄생시키는 것에 내 논문이 결정적 역할을 했다는 것에 큰 자부심을 느낀다.

07 돌려막기

찰스 폰지 이야기

20세기 초, 미국에 찰스 폰지(Charles Ponzi)라는 이탈리아 사람이 살고 있었다. 폰지는 세계적으로 우표 가격이 다르다는 것을 이용해 거래 차익을 노린 사업 포트폴리오를 고안해냈다. 그럴싸한 포트폴리오가 완성되자 폰지는 여기저기 투자자들을 물색하러 다녔다. 그는 신규 투자자들에게서 받은 돈으로 기존 투자자들에게 배당금을 지급하는 방식으로 사업을 불려 나갔다. 소문을 들은 사람들이 폰지에게 앞다퉈 투자하기 시작했고, 그의 사업은 나날이 번창했다.

하지만 애초에 그의 포트폴리오는 실현 불가능한 것이었다. 여러 기술적인 문제들이 있었지만, 결정적으로 폰지 자체가 사기를 칠 목적으로 사업을 운영하는 것이었기 때문이다.

그는 사업을 운영하는 척만 하면서 새롭게 투자하는 사람들의 돈으로 기존 투자자들에게 배당을 안겨주었다. 말이 배당이지 나머지 원금은 빼돌린 상태이기 때문에 당연히 수익은 제로, 혹은 마이너스

다. 그런데도 사람들은 수익이 난다는 소식에 더 몰려들고, 사업은 기하급수적으로 성장했다. 하지만 여전히 배당은 소수에게만 돌아가거나 소액만 지급됐다. 사실상 '돌려막기' 혹은 '아랫돌 빼서 윗돌 괴기'의 방식으로 운영된 것이다. 당연히 이러한 사업은 지속 가능할 수 없었고, 폰지도 결국 덜미가 잡혀 본국인 이탈리아로 추방되었다. 그리고 이러한 사기 기법에 대해 그의 이름을 따서 '폰지사기(Ponzi Scheme)'라 부르게 되었다.

이러한 사기 수법은 세월이 흐르면서 진화에 진화를 거듭하다 21세기 초, 버니 메이도프(Bernard Lawrence "Bernie" Madoff)라는 사람에 의해 역대 최대 피해액을 입히는 사건을 발생시켰다.

버니 메이도프와 라임사태

버니 메이도프는 미국 나스닥 증권거래소의 위원장을 역임할 정도로 뉴욕 월가의 신뢰를 받는 거물이자, 유대계 대학 이사장을 맡을 정도로 유대인 사회의 롤모델과도 같은 인물이었다. 그의 모든 부와 명성이 폰지사기에 기반하고 있다는 사실이 밝혀지기 전까지는 말이다.

피해액은 역대 최대 규모인 72조 원에 달했고, 피해자 중에는 스티븐 스필버그, 케빈 베이컨, 유럽 각국의 왕실 등 전 세계적인 부호들도 포함되었다. 당연히 미국 사회는 충격에 빠졌고, 그는 징역

150년 형을 선고받아 복역 중 사망하였다[26].

그런데 놀랍게도 메이도프의 수법을 뜯어보면 라임펀드 사태에 그대로 적용되어 있음을 알 수 있다.

메이도프는 나스닥 위원장까지 지낸 금융계의 거물로 ① 투자자들의 신뢰를 이용하여, ② 투자자들에게 '연 10% 확정 금리를 보장해주겠다'라고 하면서, ③ 자신이 투자한 내용을 잘 알지 못하게 하려고 '펀드 오브 펀드(Fund of Funds)'[27] 구조를 이용하여 수많은 자(子)펀드를 판매하는 방식으로 투자금을 모았다. 이를 통해 자펀드에 들어온 돈을 모(母)펀드에 다시 넣고, 다시 다른 자펀드를 통해 들어온 돈으로 기존 자펀드 돈을 갚는 돌려막기 구조에 이용하였으며, ④ 메이도프의 투자자들 역시 자신들의 자펀드에 투자하여 그 자금이 모펀드에 유입되고, 모펀드에서 어디에 투자하는지 전혀 알지 못하였다는 점, ⑤ 매번 고수익의 레퍼런스를 강조하면서 투자자들로부터 76조 원을 폰지사기로 손해를 입혔다.

---

26) 그의 사기 행각에 대해 더 자세히 알고 싶은 분들에게는 넷플릭스 다큐멘터리 〈버니 메이도프: 월가의 괴물〉을 추천한다.

27) 펀드 오브 펀드(Fund of Funds)는 금융자산에 직접 투자하지 않고 펀드 자체에 투자하는 것을 목적으로 하는 펀드로 '재간접 펀드'라고 한다. 펀드가 가입하는 펀드인 셈으로 '모태펀드'라고도 한다. 재간접 펀드는 자산운용사가 직접 주식이나 채권에 투자하는 것이 아니라 주식이나 채권 등에 투자하는 펀드에 재투자를 하는 펀드다. 여러 펀드에 분산 투자해 위험을 최소화하면서 수익을 추구하는 것이 본래의 목적이나, 메이도프와 같은 금융 사기꾼들은 이를 폰지사기를 위한 다단계 구조로 악용한다.

그러면 라임펀드 사기의 구조를 살펴보자.

① 증권사나 은행이라는 금융기관의 타이틀을 이용하여 고객들에게 그들의 허위 설명을 의심하지 않고 신뢰하게 만든 점,

② 연 8%의 준 확정 금리를 강조하면서 고수익으로 투자자를 유인한 점,

③ 라임펀드 역시 자펀드와 모펀드 구조를 만들고, 자펀드 170여 개를 통해 투자금을 모아 모펀드에 넣은 후, 부실기업이나 한계기업에 투자하면서 펀드 돌려막기에 이용한 점,

④ 라임펀드 투자자들은 펀드 가입 당시 모자(母子) 펀드의 구조를 전혀 알지 못하였고, 펀드에 투자된 자신의 투자금이 모펀드로 흘러 들어간다는 점을 전혀 알지 못하였다는 점,

⑤ 은행과 증권사는 그 어떠한 상황에도 수익을 내는 펀드가 라임펀드라면서 고객들에게 과거 라임펀드가 수익을 내온 기록을 적극 강조하면서 투자자를 유인한 점

등이 메이도프의 사건과 똑같이 닮았다.

차이가 있다면, 미국은 이런 자를 응징하여 징역 150년 형을 선고

하여 옥중에서 생을 마감하도록 한 것에 반해, 라임자산운용의 이종필 부사장은 징역 20년, 이 돌려막기의 핵심 역할인 '모집책'이자 주범 중 하나인 대신증권 장영준이 고작 징역 2년 형만을 선고받고 현재는 석방되어 거리를 활보하고 있다는 점을 들 수 있을 것이다.

돌려막기의 범인들

자, 다시 라임펀드 돌려막기 구조로 돌아가 보자.

라임펀드는 메이도프의 모자 펀드 구조를 그대로 차용했다. 모자 펀드 구조 자체가 자본시장법에 위반되는 것은 아니지만, 이들은 모자 펀드 구조를 돌려막기 구조로 활용했다는 점에서 그 불법성이 존재한다.

라임펀드는 크게 두 개의 모펀드가 있다. '플루토 FI D-1호'와 '테티스 2호'이다. 이 모펀드 아래 자펀드 170여 개를 만들었는데, 투자자들은 이들의 자펀드에만 투자할 수 있었다. 모펀드에서 어디에 투자하는지 알 수 없는 상태에서 자펀드에 투자된 돈은 모두 모펀드로 편입되어 들어갔다. 문제는 모펀드 A에서 문제가 발생하면, 전혀 관련 없는 모펀드 B의 자펀드 B1, B2 등으로부터 투자자를 모집해 받은 돈으로, 모펀드 A의 자펀드 A1, A2의 만기 환매 청구가 들어오면 수익까지 합산하여 A1과 A2의 투자자들에게 투자금을 돌려주면서 수익률을 방어했다. 이렇게 되면 고객들의 라임펀드 계좌 화면에는 계속 수익이 나는 것으로 표기된다.

특히 '플루토-TF 1호'는 미국의 헤지펀드 인터내셔널 인베스트먼트 그룹(IIG)이 운용하는 무역금융 펀드에 투자하는 펀드였는데, IIG는 최근 미국 증권거래위원회(SEC)로부터 폰지사기 혐의로 등록 취소 제재를 받아 투자금 전액 손실로 원금이 모두 날아간 상태가 되었다. 하지만 그 무역금융 펀드에 가입한 투자자 중 일부는 환매 청구하여 투자금을 회수한 경우가 있었는데, 이는 해외 펀드의 부실을 국내 펀드의 투자금으로 돌려막게 하여 수익률을 방어했기 때문이다.

결론적으로 모자 펀드의 구조를 이용하여 자펀드의 돈을 모펀드에 넣은 후, 다른 펀드에 문제가 생기면 전혀 상관없는 투자자들의 돈으로 이를 메우는 데에 사용한 것이다. 이는 자본시장법에서 금지하는 행위다. 아래 형사판결문에서 판시된 바와 같이 이종필 부사장은 무역금융 펀드로부터 정상적인 이익을 얻기 어려워 신규 펀드 판매 자금으로 기존 펀드의 환매에 대응할 의도로 투자금을 받았다는 '돌려막기' 사실이 인정되었다. 이런 폰지사기가 무등록 유사수신 업체도 아닌 대한민국 펀드 설정액 1위의 라임자산운용에서 벌어진 일이며, 이런 펀드를 대한민국 제1금융권 은행들이 앞다퉈 판매를 했다는 사실이 개탄스러울 수밖에 없다.

여[15] 해외 무역금융펀드로부터 정상적인 수익을 얻기 어려워 신규 펀드 자금으로 기존 펀드의 환매에 대응할 의도였음에도, 수익률이 꾸준히 발생하는 IIG 등 해외 무역금융펀드에 직접 투자하는 펀드 상품인 것처럼 펀드를 신규 설정하여 홍보하는 방법으로 별지 범죄일람표(3) 기재와 같이 투자자 48명을 기망하여 이에 속은 투자자들로부터 2개 무역금융펀드 투자금액 합계 15,659,442,688원을 각각 교부받고, 투자자들에게 중요사항에 관하여 거짓의 기재 또는 표시를 하여 금융투자상품을 각각 판매함으로써 금전, 그 밖의 재산상의 이익을 얻고자 하는 행위를 하였다.

[서울남부지방법원 2020고합222, 371(병합) 이종필 판결문 중 발췌]

이종필뿐만이 아니다. 신한금융투자의 임XX 본부장도 그 돌려막기에 가담한 혐의로 '특정경제범죄 가중처벌 등에 관한 법률 위반(사기)'이 인정되었다. 장영준에 이어 임XX까지. 우리가 믿었던 거대 금융기관의 본부장급도 폰지사기에 연루된 것이다.

그 후 피고인은 이종필 등과 공모하여 2018. 11. 27.경 사실은 위와 같이 아이아이지 펀드의 부실에 따라 라임자산운용의 무역금융펀드가 직접 아이아이지 펀드 등 해외 무역금융펀드에 투자하는 것이 아닌 모펀드를 통한 재간접 투자 방식으로 이미 투자구조를 변경하였고 또한 투자자들에게 새로 판매하는 펀드의 가입대금을 기존 펀드의 환매자금으로 사용하는 일명 '돌려막기'를 할 생각이었음에도, 수익률이 꾸준히 발생하는 아이아이지 펀드 등 해외 무역금융펀드에 직접 투자하는 펀드 상품인 것처럼 『라임 NEW 무역금융 12M 전문 사모1호』 펀드를 신규 설정하고 위와 같은 내용의 허위 펀드제안서를 제작한 다음 판매사인 신한금융투자를 통해 위 펀드 판매를 홍보하여 별지 범죄일람표 (2)의 1번 기재와 같이 추○○ 등 투자자 35명을 기망하여 이에 속은 투자

**[서울남부지방법원 2020고합171
피고인 임XX(신한금융투자 본부장) 판결문 중 발췌]**

라임 사태 일당이 돌려막기를 실현하기 위해 모자 펀드 구조 이외

에 꼭 필요한 요소가 하나 더 있었다. 고객들이 돈을 돌려 달라고 하는 '환매'를 최대한 저지하는 것.

예를 들어 만기 1년짜리 라임펀드에 A 고객이 만기가 되어 펀드 투자금을 회수하려고 증권사를 방문했다고 생각해 보자. 물론 원래 계획대로 다른 새로운 고객 B의 투자금을 받아 A에게 환매해주는 돌려막기를 하면 되겠지만, A가 투자금을 라임펀드에 재투자하게 하거나 환매 청구를 하지 않도록 하는 것이 라임 사기 일당에게는 더 좋은 그림이었다. 아무도 돈을 빼지 않으면 이 사기를 더 오랜 기간 지속할 수 있게 되기 때문이다.

나는 그 역할을 대신증권의 장영준이 맡았다고 생각한다. 그 이유를 살펴보자. 아래 내용은 검찰이 수사를 통해 확인한 내용이다. 대신증권은 '롤플레잉'이라는 자료를 만들어 직원들이 숙지하게 하고, 이를 라임펀드의 판매와 환매 저지를 목적으로 교육했다. 장영준을 수사한 검찰의 수사보고서의 내용에 따르면 '우리가 원하는 상품으로 몰아가라! (여기서 이 상품은 라임펀드를 말한다) 스무고개로 고객을 몰아가라! 현재 수익률을 강조하고 고객에게 불리한 조건을 설명해 드려서 최대한 환매 고민을 하지 않도록 한다.'라는 내용이 적혀있다. 환매하려고 하는 사람들에게 불리한 조건을 설명하여 환매하지 못하도록 하겠다는 구체적인 계획을 세운 것이다. 실제로 개그맨 김한석 씨도 환매 신청을 하러 장영준을 찾았지만, 결국 불리한 조건에 대하여 설명을 들은 후 환매를 하지 못한 채 돌아왔다. 그때는 환매가 가능한 시기였기 때문에 라임펀드의 환매가 중단된 후 김한석 씨는 분통을 터뜨렸다. 그런데 이 환매 저지는 비단 김한석 씨에게만 이뤄진 것이 아니라 거의 모든 고객을 대상으로 이뤄졌다. 이종필이 장영준에 대하여 특별한 애정(?)을 가진 이유가 아마도 이러한 장영준의 적극적인 환매 저지 노력에 대한 고마움 때문이 아닐까 싶다.

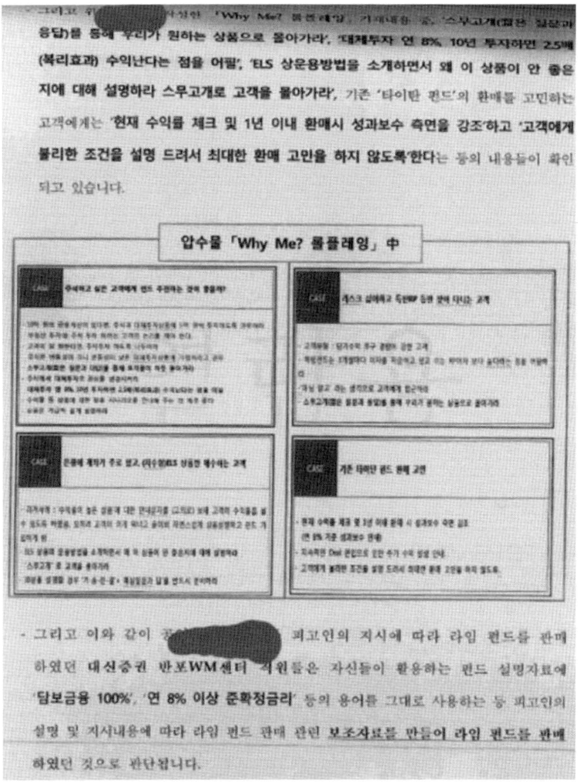

- 그리고 위 [illegible] 작성한 「Why Me? 롤플레잉」 기재내용 중, '스무고개(짧은 질문과 응답)를 통해 우리가 원하는 상품으로 몰아가라', '대체투자 연 8%, 10년 투자하면 2.5배(복리효과) 수익난다는 점을 어필', 'ELS 상운용방법을 소개하면서 왜 이 상품이 안 좋은지에 대해 설명하라 스무고개로 고객을 몰아가라', 기존 '타이탄 펀드'의 환매를 고민하는 고객에게는 '현재 수익률 체크 및 1년 이내 환매시 성과보수 측면을 강조'하고 '고객에게 불리한 조건을 설명 드려서 최대한 환매 고민을 하지 않도록'한다는 등의 내용들이 확인되고 있습니다.

압수물 「Why Me? 롤플레잉」 中

- 그리고 이와 같이 [illegible] 피고인의 지시에 따라 라임 펀드를 판매하였던 대신증권 반포WM센터 직원들은 자신들이 활용하는 펀드 설명자료에 '담보금융 100%', '연 8% 이상 준확정금리' 등의 용어를 그대로 사용하는 등 피고인의 설명 및 지시내용에 따라 라임 펀드 판매 관련 보조자료를 만들어 라임 펀드를 판매하였던 것으로 판단됩니다.

[검찰이 대신증권에서 압수한 문건 『Why Me? 롤플레잉』]

08 은행은 왜 그토록 라임펀드를 팔려고 했을까?

난 아직도 이해가 안 되는 부분이 있다.

어떻게 이렇게 심각한 문제가 있는 라임펀드에 대한 감독이 제대로 이루어지지 않았는지, 우리은행과 산업은행, 신한은행, 대신증권, KB증권 등 제1금융권 및 비은행권, 대형 증권사에서 이런 라임펀드를 어떻게 대규모로 판매를 할 수 있었는지 말이다. 아무리 좋은 펀드 상품이 있다고 한들 거의 모든 은행과 증권사가 나서서 그 펀드만을 집중적으로 판매한다는 것이 상식적으로 이해가 되지 않기 때문이다.

특히 증권사도 아닌 은행에서는 왜 라임펀드를 팔았을까? 도대체 왜?

라임펀드는 소위 '사모펀드'[28]다.

공모펀드는 50인 이상의 불특정 다수에게 판매하는 펀드로 일반 투자자에게 투자의 기회를 열어둔다. 쉽게 말하면 주식처럼 투자 설명서를 공시하고 이를 투자자가 보고 판단한 후, 누구라도 공모펀드를 살 수 있다. 공모펀드는 일반 투자자들을 대상으로 하기에 금융당국은 다양한 규제를 통해 자산운용사가 투자자에게 투자 위험에 대해 정확히 알려주도록 강제하고 있다. 최소 투자 금액도 공모펀드가 사모펀드보다 훨씬 낮다. 금융 감독의 철저한 감독이 전제되기 때문에 중수익, 저위험을 추구하고, 원금을 잃을 가능성도 상대적으로 낮다.

반면 사모펀드(Private Equity Fund, PEF)는 소수의 전문 투자자에게 돈을 모아 투자하는 것이고, 공모펀드와는 달리 운용에 제한이 없어 자유로운 운용이 가능한 전문가용 펀드이며 49인 이하의 투자자만 투자할 수 있다. 라임펀드가 사모펀드이다 보니 금융 감독 기관의 규제를 거의 받지 않았던 것도 이 사태를 키운 원인 중의 하나

---

28) 사모펀드는 다시 전문투자형 사모펀드와 경영참여형 사모펀드로 나뉜다. 전자는 이 사건 라임펀드 같은 것을 말하고, 소위 블라인드 펀드로 펀드의 구체적 투자 대상을 알기 어렵다. 후자는 소위 조국 사태 때 나온 '코링크 PE' 같은 것을 말하는데, 특정 기업의 경영권을 인수하기 위하여 투자자를 모아 펀드 자금을 구성하고 이를 투자하는 사모펀드를 말한다. 그러므로 조국 사태 때 당시 조국 법무부 장관 후보자가 언론 기자회견에서 자신이 투자한 사모펀드가 블라인드 펀드라 투자 대상 기업을 몰랐다는 변명은, 우리 같은 전문가가 듣기에는 말도 되지 않는 변명이었다.

이다. 또 49인 이하라는 제한 때문에 라임 사기 일당은 앞서 간략히 언급했던 모자 펀드 구조를 만들었던 것이다. 이들이 자펀드 170여 개를 통해 투자자의 수를 계속 늘려나간 것도 사실상 공모 규제를 회피하기 위한 꼼수였다.

쉽게 이야기하면 사모펀드는 소위 '타짜'들의 판이다. 그래서 자본시장법은 49인 이하로 제한하면서 전문 투자자들만 사모펀드에 투자할 수 있도록 규정을 해 일반 투자자의 '타짜'판 입장을 막고 있다. 그런데 이 규제를 은행과 증권사가 나서서 허문 것이다. 노인, 가정주부, 퇴직자를 가리지 않고 이들을 전문 투자자로 둔갑시켜 라임펀드에 가입시켰다. 오히려 49인 이하의 제한을 고객들에게 곧 마감되는 펀드라는 식으로 설명하면서 일반 투자자들의 가입을 재촉했다.

금융상품을 판매할 때 규제하는 원칙 중 '적합성의 원칙'이라는 것이 있다. 금융투자 상품이 특정 투자자가 투자하기에 적합 여부를 판단하여 적합하지 않은 상품에 대해서는 투자하도록 권유해서는 안 된다는 원칙으로, 미국에서는 이를 'Know Your Customer(KYC)'라 하는 의무 규정으로 두고 있다. 즉, 당신의 고객에 대해 잘 파악해서 적합한 상품을 권유하라는 것이다. 그래서 고객의 재산 규모 및 자산의 종류, 투자 성향 등등에 맞춰 상품을 권유하는 것이 금융기관의 의무다.

하지만 대신증권을 비롯해 라임펀드를 판매한 은행과 증권사는 노인이 방문해도 라임펀드, 가정주부가 와도 라임펀드, 예금하러 온 사람에게도 라임펀드를 권유했다. 이는 점당 100원짜리 고스톱을 치시는 할머니를 모시고, 점당 10만 원짜리 타짜들의 도박판으로 데리고 간 것이나 다름없다. 은행이나 증권사는 이런 식으로 안전 추구형인 고객에게 고위험 펀드를 판매하면서 사후적으로 투자자 성향 확인서를 다시 작성했다. 상품을 선(先) 판매 후, 투자자 성향을 변경한 것이다. 자신이 파는 상품에 맞게 고객의 투자자 성향을 바꾸어 버렸다.

증권사는 그렇다고 치자. 증권사의 고객들은 금융상품을 통해 예금보다 이자 수익을 더 추구하는 경우가 많으니 고위험 사모펀드를 권유하는 부분에 대하여 조금은 이해의 여지가 있다고 선행해 볼 수도 있다.

그런데 은행은 본질적으로 펀드를 판매하는 곳이 아니지 않은가? 은행에는 주로 안전한 자금 예치를 원하여 예금을 맡기러 오는 사람들이다. 수익을 추구하는 것보다 자신들의 자산을 안전하게 지키는 것이 더 중요한 고객들이다. 그런데 은행은 이들에게 왜 초고위험의 라임펀드를 권유하고 판매했던 것일까?

이들은 심지어 은행에 찾아온 고객을 옆에 마련된 PB센터로 데려가 라임펀드에 가입시키기도 했다. 신한은행 창구에서 라임펀드 설명을 들은 후, 신한금융투자 PB센터로 옮겨 라임펀드 서류를 작성하는 식이었다.

우리은행은 아예 자체적으로 라임펀드를 팔았다. 우리투자증권이 버젓이 있는데도 우리은행에서 직접 라임펀드를 대규모로 판매했다. 은행에서 공모펀드도 아닌 사모펀드를 판매하는 것 자체가 매우 부적절한 행위다. 라임의 이종필에게 들은 말에 따르면, 우리은행이 이렇게 라임펀드 판매에 열을 올린 이유가 손태승 회장의 연임 때문이라고 한다. 은행의 비이자 수익을 높여야 연임에 유리하고, 라임펀드 판매는 그 비이자 수익을 높일 수 있는 최적의 상품이었다는 것이다. 그의 말이 사실인지는 수사를 통해 밝혀지기를 바라지만, 그의 말에 충분히 신빙성이 있다고 본다.

우리가 은행을 믿는 이유는 내 돈을 지켜줄 곳이라는 전통적 신뢰가 오래도록 쌓여왔기 때문이다. 그런 은행으로부터 얻은 배신감은 쉽게 치유되지 않을 것이며, 사회 전체의 신뢰 자본을 하락시킬 것이다.

손태승 회장 "비이자 수익 40%로 끌어올려라"

물론 위례신도시 점만의 문제는 아니었습니다. 우리은행이 DLF[29]를 판매한 금액은 4천억 원이 넘습니다. 그 배경에는 당시 연임을 앞두고 있던 손태승 우리금융 회장 겸 우리은행장의 성과주의 경영 전략이

29) DLF(Derivatives Linked Fund, 파생결합 펀드)는 이자율, 통화, 실물자산 등을 기초자산으로 하는 금융상품으로 특정 조건(예: 해외금리)이 일정 수준 이상일 경우 수익이 발생하지만, 기준 이하로 하락하면 원금의 상당 부분을 잃을 수 있는 구조를 갖추고 있어 고위험 상품으로 구분된다.

있었습니다. 특히 손 회장은 저금리 시대에 은행의 이익을 극대화하기 위해 비이자 수익을 강조했습니다.

손 회장은 비이자 수익과 비은행, 해외수익 비중을 각각 40% 수준으로 끌어올리겠다는 의미로 覈-40-40'을 우리은행의 중장기 비전으로 제시했습니다. 이를 위해 우리은행 직원들은 DLF와 같은 고위험 투자 상품을 팔 수밖에 없었습니다. 직원들도 DLF 상품을 제대로 이해하지 못한 채로 "안전한 상품"이라면서 팔았고, 고객들도 DLF가 안전한 줄 알고 가입했다가 최대 원금 100% 손실에 이르는 DLF 사태가 터져버렸습니다. 성과주의 경영전략이 선을 넘은 겁니다.

우리은행은 라임펀드도 2천 5백억 원 넘게 팔았습니다. 2015년부터 2019년까지 5년간 은행별 사모펀드 판매액은 우리은행 25조 5,886억 원, 하나은행 13조 5,280억 원, 신한은행 11조 7,081억 원, 농협은행 10조 3,281억 원, 국민은행 8조 5,207억 원 순입니다. 우리은행이 압도적으로 많습니다.

2020년 8월 6일 KBS 뉴스 "[은행의 탐욕] ④전사적인 비이자 수익 극대화의 비극 : 우리은행" 기사 내용 중

우리은행에서는 많은 예금 고객들을 라임펀드에 가입시켰다. 예금하러 온 고객에게 '은행 이자가 낮으니 안정적이고 더 높은 수익을 낼 수 있는 라임펀드 상품에 가입하시죠.'라고 권유했다. 심지어 고객들의 예금 잔액을 확인한 후, 여유가 있어 보이는 예치 고객에게 전화를 걸어 왜 이자 수익이 낮은 예금을 하고 있냐면서 라임펀드 상품 가입을 종용했다. 멀쩡하게 예금을 잘하고, 성실히 살아가는 고객들에게 은행이 나서서 마수를 뻗은 것이다.

우리는 은행이 고객을 위해 자산을 관리하고, 자신에게 맞는 금융상품을 권유할 것으로 생각한다. 그러나 정작 은행은 이러한 고객의 신뢰를 악의적으로 이용해 부실한 펀드를 팔아 자신들의 이익을 챙겼다.

내 의뢰인의 한 예를 더 소개한다.

내 의뢰인은 우리은행 창구에 갔다가 '정기예금은 1년이지만 이건(라임펀드는) 6개월에 자동 상환되는 예금이라 생각하면 된다, 안전한 상품이다'라는 설명을 들었다. 은행 직원은 이어서 이 라임펀드 상품은 '강남 큰손 VIP들을 위해 만든 상품인데 지점 VIP들에게만 소개하는 상품이고 빨리 가입하지 않으면 기회를 놓치는 상품이며, 삼성디스플레이 지점에서 7명 가입하셨는데 그분들은 올해 복 받은 거다'라며 라임펀드에 가입하는 기회를 얻게 된 것을 행운으로 알라는 취지로 내 의뢰인에게 설명했다. 내 의뢰인은 은행 예금처럼 알고 라임펀드에 가입했다. 실제 예금통장과 똑같이 생긴 펀드 통장도 받았다. 내 의뢰인은 이 통장을 받는 순간 예금과 같은 것으로 생각한다. 그 외 라임펀드에 대한 설명은 들은 바가 전혀 없었다. 은행 직원이 말했던 그 행운은 결국 불행의 씨앗이었다.

이것은 명백한 은행의 배신이다.

09 은행과 증권사들은 라임펀드의 부실을 알고도 팔았다.

2019년 10월 10일. 우리은행의 라임 사태 공청회가 우리은행 본사 대강당에서 열렸다. 우리은행 PB, 노조, 직원들이 모인 이 자리에서 고성이 오갔다. 펀드 사고의 책임에 대한 공방이었다. 공방의 주제 중 하나는 바로 'OEM 펀드'였다. 'OEM 펀드'란 은행·증권사 등의 펀드 판매사가 자산운용사에 명령·요청·지시해 만든 펀드를 말한다. 마치 상품을 제조하는 데 유통망을 구축하고 있는 주문 업체가 생산 시설을 가진 제조업체에 자신들이 요구하는 상품을 제조하도록 위탁해 완성한 상품을 주문자의 브랜드로 판매하는 OEM(Original Equipment Manufacturing)과 유사하다고 하여 붙여진 이름이다. 은행이나 증권사와 같은 금융사는 펀드를 판매만 해야 하고 펀드 설계에 관여해서는 안 되는데, 판매 수익을 높이기 위해 운용사의 펀드 설계와 운용 등에 관여하여 OEM 펀드를 만드는 것은 자칫 불공정 거래가 발생할 수 있어 자본시장법에서 이를 불법으로 규정하고 있다. 그러나 판매사인 은행이나 증권사가 펀드 시장에서 막대한 영향력을 미치기 때문에, 펀드를 만드는 자산운용사는 판매사의 OEM 펀드 요구를 거부하기 어려워 투자자들의 피해를 양산하게 된다.

우리은행 PB	:	네. 그리고 아까 전에 판매회사 우리은행이 주문을 안 했다고 했는데, 저희 본부에 정종숙 부행장님, 최미애 부장님 오셔서 엄청 자랑하셨어요. 뭐라고 자랑했냐 하면 "원래는 1년짜리 펀드인데, 6개월 펀드로 이모작 하기 위해서 했다."고 엄청나게 자랑을 하셨어요. 이거 OEM펀드, 주문제작 펀드니깐 상품 출시부터 분명히 잘못된 거 맞죠? 저희 FA 일곱 명이 식사하면서, 일곱 명 FA들이 다 들었어요. 엄청나게 자랑을 하셨거든요. 1년짜리인데 부행장님이 6개월로 나눠서 주문을 했대요. 그 저희도 증인들이 많으니까, 이거는 출시부터 잘못된 펀드라고 저는 생각합니다.
우리은행 노조	:	은행 측도 답변하세요!!!!!
우리은행 노조	:	WM은 뭐하는 거예요. OEM펀드 만들어놓고!
우리은행 노조	:	네?!!! OEM펀드 누구를 위해 만든 거야?!!! 은행 측도 아주 앉아가지고, 말씀하세요!!!

[2019년 10월 10일, 우리은행 대강당 공청회 녹취록 내용 중 일부 발췌]

나는 구속 중이던 이종필 부사장으로부터 우리은행의 펀드 판매 과정의 문제점을 듣고자 접견 신청을 하여 만난 적이 있다. 내가 접견을 통해 만난 구속 중인 라임자산운용 이종필 부사장은 우리은행에 대한 분노가 상당했다. 이종필 부사장은 우리은행이 라임펀드의 부실을 처음부터 알고 있었고, 우리은행의 라임펀드 출시는 처음부터 잘못된 소위 '이모작' OEM 펀드 출시라고 목청을 높였다.

라임 사건을 맡아서 그 누구보다 잘 알고 있다고 자신하는 나 역시도 의문이 들었다. 왜 우리은행이라는 국내 최대 금융지주 그룹에서 굳이 소위 '이모작'까지 해가면서 라임펀드를 출시하도록 강력히 라임 측에 요구했는가 하는 의문 말이다. 여기서 말하는 이모작이란,

실제로 다른 증권사나 은행에서 판매한 라임펀드는 모두 만기가 1년짜리였는데 유독 우리은행만 판매한 펀드가 6개월짜리였기 때문에, 이모작처럼 우리은행은 1년에 두 번 라임펀드를 판매할 수 있었다는 의미다.

우리은행 한XX 부장은 KB증권 김XX 팀장으로부터 라임펀드가 모펀드에 편입되어 운용된다는 사실을 들었다. 그리고 펀드가 투자한 실제 기초자산으로부터 수익이 발생하지 않더라도 모펀드의 자금으로 만기 상환을 하는 구조라는 사실도 알게 되었다. 결론적으로 우리은행은 라임자산운용으로부터 모펀드 내 자산들이 채권 등으로 구성되어 있고 그 만기가 1년 이상이기 때문에 만기 6개월의 펀드를 설정하기 어렵다는 의견을 듣고서도, 이를 무시한 채 '라임 Top-2 펀드'를 기획하였다.

6개월 단기 펀드를 만들면 우리은행에는 뭐가 좋을까?

그것은 바로 비이자 수익인 펀드 수수료를 고객들로부터 두 번 수취할 수 있다는 점에 있다.

다시 말해 만기 6개월의 라임 Top-2 펀드를 기획하고 적극적으로 라임자산운용 측에 6개월 단기 펀드로 설정해 달라고 요청할 수 있었던 이유는 이것이다. 우리은행은 계속해서 라임 Top-2 펀드를 재판매하여(롤오버[30]) 그 신규 펀드 투자금을 이 사건 모펀드에 넣기만 하면, 실제 투자 수익이 발생하지 않더라도 위 신규 펀드 투자금으로 기존 라임 Top-2 펀드 투자자들에게 상환해 줄 수 있기 때문이다. 또한 만기가 된 고객들에게 또다시 6개월의 펀드를 재판매하게 되면 우리은행은 사실상 1년에 두 번 판매 수수료 수익을 얻을 수 있게 되는 것이다(이른바 '2모작 펀드').

즉, 우리은행은 라임의 모펀드가 주로 사모사채에 투자하는 펀드로서 회사에 일정 기간 돈을 빌려주고 이자를 수취하는 딜(deal)의 특성상 투자 원본을 회수하는 기간, 즉 채권 변제기가 긴 반면, 고객들에게 판매한 펀드는 6개월 후 만기 상환해야 하는 펀드로 채권 회수를 통해 펀드 투자자들에게 상환해 주는 것이 불가능한 구조로 되어있다는 것을 그 누구보다 잘 알고 있었다.

---

30) 고객이 만기가 되어 환매하고자 할 때, 다시 라임펀드에 가입하도록 하는 방식으로 펀드 환매를 막아 만기를 사실상 연장하는 효과를 가져올 수 있다. 사전적 의미로 롤오버(Roll-Over)는 채권이나 계약 등에 관해 당사자 간의 합의에 따라 만기를 연장하는 것을 의미하거나, 선물계약과 연계하여 차익거래 등의 포지션을 청산하지 않고 다음 만기일로 이월하는 것을 말한다.

✓ Top2 펀드의 기획의도 : 우리은행은 비이자수익의 개선에 집중 (손태승 행장의 임기, 연임등의 이슈로 실적에 집중) 다른 은행과는 다르게 상품의 기획, 판매가 본사에 집중되어 있음. 즉, 본사에서 기획상품이라고 정한 상품은 전국 전체지점이 그 상품만 집중적으로 판매. 타사의 경우 사모펀드는 PB센터 (고액자산가-상대)에서 판매하지만 우리은행은 본사의 지시하에 일반 지점 창구에서 판매.

2019. 1.9 | 여러번의 회의 후 Top2 펀드 출시 합의.

· 플루토 펀드 내 자산의 만기가 1년 이상으로 6개월 펀드 만기 펀드 출시에 라임에서는 난색을 표현했으나 우리은행 롤오버를 약속하여 출시

2.7 | 라임에서 우리은행 방문, 펀드 판매, 자금 유입속도가 너무 빨라 판매 축소 요청 펀드 만기에 자금 유출시 우려 표시. 우리은행 재차 롤오버 약속
우리은행에서 Top2 밸런스 의 대체상품출시요청 (운용금융 6M)

[라임자산운용 이종필 부사장의 '자필진술서' 내용 중 발췌]

이종필은 자필진술서의 내용처럼 나와의 접견을 통해 이렇게 이야기했다. 우리은행에 자신은 분명 6개월짜리 펀드를 만들기 어렵다고 했지만, 그들이 롤오버를 약속하여 펀드를 출시한 것이라고 말이다. 분명한 것은 출시 논의 과정에서 우리은행이 고객을 보호하기 위한 그 어떤 노력도 기울이지 않았다는 것이다.

10 라임펀드 부실에 결정적인 역할을 한 KB증권

라임 사태 부실에 아주 큰 책임이 있는 증권사 중 또 하나가 바로 KB증권이다. KB증권은 2018년 말까지 라임펀드에 8,000억 원을 TRS로 빌려준 증권사인데, 그들이 갑자기 TRS 규모를 2019년에는 1,000억 원으로 대폭 축소하였다. 그 이유는 무엇일까?

이는 펀드 부실을 예상하고 대출금을 회수하기 어렵다는 판단을 내렸기 때문이다. TRS는 앞서 설명한 것처럼 담보를 증권사 명의로 확보하고 있으므로 증권사로서는 손해 볼 것이 없었다. 그런데도 그 대출 규모를 줄였다는 것은 그 담보물의 가치가 거의 없다는 것을 알았음을 의미한다. 그 담보물이라는 것은 곧 라임펀드에서 투자한 투자 기업들의 채권들이므로 결국 라임펀드에서 투자한 것이 부실화되었다는 것을 인지하였음을 의미한다.

그런데 그들은 정작 자신들의 TRS 규모를 줄이면서도 고객들에게는 라임펀드를 570억 원 정도나 판매하였다. 자신들은 담보물의 부실을 예상하여 대출금을 회수하면서, 고객에게는 안전하고 A등급 기업에 투자하는 펀드 상품이라고 거짓말하면서 펀드를 판매했다.

KB증권 창구를 통해 팔린 '라임 AI스타 1.5Y(이하 AI스타)' 펀드는 100% 손실이 났다. 모펀드인 '플루토 FI D-1호(플루토)' 손실률은 49%이지만, KB증권이 제공했던 TRS 대출금을 갚고 나면 남는 게 없기 때문이다. 즉, 고객들에게는 안전한 펀드라 속이고 펀드를 계속 판매하면서 뒤로는 대출금을 회수하여 손실을 보지 않기 위한 노력하고 있었다. 증권사의 '이중 플레이'다.

김종석 미래통합당(현 국민의힘) 의원실에서 요청하여 받은 자료에 의하면, KB증권은 라임펀드에 제공한 TRS 수수료만 2018년 170억 원, 2019년 1분기 79억 5,000만 원을 받았다. 하지만 2019년 2분기엔 수수료 수익이 15억 원으로 대폭 축소되었다. 이들은 라임펀드의 부실을 인지했다. 은행이나 증권사는 펀드 판매 과정에서 부실을 인식하였다면 투자에 있어 중요한 판단 내용인 그 사실을 반드시 고객에게 알려야 한다. 이를 숨기고 판매하는 것은 부작위(위험 방지의무)에 의한 기망행위에 해당하는 명백한 사기다.

결국, 라임펀드에 과도한 레버리지를 제공하여 대출해준 후 부실을 인지하자 대출금을 회수하여 자신들은 손실을 회피하고, TRS 규모를 축소하여 라임펀드의 부실화를 가속한 후 고객에게는 펀드를 판매하여 고객의 펀드 잔고를 '0'으로 만든 것이다.

KB증권은 라임펀드의 스트레스 테스트를 한 증권사이기도 하다. 스트레스 테스트란 여러 가지 이벤트가 발생하면 생길 수 있는 위험성을 진단하는 것이다. 놀라운 것은 이들이 스트레스 테스트를 한 이유가 라임펀드 고객이 아닌 자신들, 즉 KB증권이 제공한 대출금 회수 때문이었다는 점이다.

[라임플루토, 라임테티스 편입 메자닌/사채 등급 및 만기]

구 분	평균 경기상황(20년 평균) B등급 부도율(17%) 적용	평균 경기상황(20년 평균) B등급 부도율 2배(35%) 적용	불경기시('09년 실적) B등급 부도율 2배(47%) 적용
플루토펀드	16%	28%	36%
테티스펀드	27%	41%	**52%**

- 단, 이는 펀드 전체의 평균적인 손실율 가정으로, 펀드 전체 평균 손실율이 담보 비율 이하인 경우에도 예상 손실이 장부가에 적절히 반영되지 않은 채 환매가 시작되면 후발 환매자로 갈수록 손실 비율이 상승해 담보비율을 넘을 가능성 존재해, 장부가 평가 정책의 적절성이 중요
- 최종 펀드 평균 손실율 20% 상황(현 담보율 30% 이하)에서도 초기 환매자를 Par 로 청산해 주면 (유동성 자산은 Par에 매각 가능하므로) 마지막 20% 고객의 손실율은 100%로 동 담보에서 당사 손실 발생 가능성

KB증권 1

[2019년 2월 22일자 담보비율 적정성에 관한 스트레스 테스트 보고서 내용 중]

KB증권이 조사한 결과, 불경기 시 라임펀드의 부도율이 플루토 36%, 테티스 52%였다. 그러나 그들은 이런 상태가 되더라도 자신들이 담보로 잡은 자산을 처분하여 TRS를 통해 대출해준 돈 대부분을 회수할 수 있을 것으로 판단했다. 왜냐하면, 자신들은 담보비율을 50%로 하여 대출을 해주었기 때문에 펀드가 50% 손실이 나도 나머지 50%를 회수하여 원금을 보전해갈 수 있기 때문이다. 하지만 그들이 이렇게 회수해가면 펀드를 매수한 고객들은 돌려받을 돈이 거의 없게 된다.

KB증권은 라임펀드에 투자한 고객들에 대해 걱정은 하지 않은 것이다. 이는 KB증권의 스트레스 테스트 보고서의 내용에서도 고스란히 드러난다. 손익 리스크와 관련하여 '기초자산의 가격 변동 위험을 담보 범위 내에서 고객에게 전가 가능'이라고 기재하고 있다. 사실상 TRS 대출금 회수를 위해 고객을 총알받이로 세워놓은 것이나 마찬가지다.

1. **리스크 전가에 관한 부분** : 손익 등 전가 장치 유효한 것으로 이해, 법리적 쟁점은 필요시 검토
   - 손익리스크 : "기초자산의 최종거래가격 (-)비용 등"으로 하게 되어 있고, 최종거래가격은 당사가 기초자산에서 환매 받는 금액이 되어 기초자산의 가격변동 위험을 담보 범위 내에서 고객에게 전가 가능
     - 단, 고객은 동 청산가격에 이의가 있는 경우 제 3 의 계산대리인을 통해 다시 계산하게 할 수 있고, 이 계산이 당사에 불리할 수 있으나, 이는 시가가 없는 모든 OTC 거래에서 피할 수 없는 위험으로 판단됨
   - 유동성리스크 : 결제일이 고객 요청 이후 X 일 이내 등으로 되어 있지 않고, "스왑거래의 권리 및 의무가 확정되고 거래가 종료되는 날"로 되어 있어 모펀드에 유동성이 확보 될 때까지 청산 연기 가능한 것으로 이해, 단 고객 약관 상 3 일내 환매로 라임에 법적 분쟁 발생 소지

[2019년 2월 22일 담보비율 적정성에 관한 스트레스 테스트 보고서 내용 중]

이것이 우리가 믿었던 은행과 증권사의 민낯이다.

11 아직 끝나지 않은 라임사태의 수사 그리고 밝혀지지 않은 실체

지금부터 언급하는 내용은 라임펀드 사건 초기부터 관여한 변호사로서, 그리고 녹취록을 언론에 공개하여 이종필과 김봉현이 구속되고 처벌되는 데 일조한 사람으로서 합리적 근거에 기반을 둔 추측이다. 물론 내가 수사기관이 아니기에 누구를 구속하거나 압수수색 등 강제수사를 할 수도 없어 직접 확인을 할 수는 없었지만, 라임 사태와 관련하여 여러 가지 정황상 추측되는 부분과 오랜 경험에 기반한 나름의 생각을 말해보고자 한다.

○ 장영준 : 예예. 일단 상황은 이렇게 됐다라는 거고. 저 도와주신 회장님이…
○ 김한석 : 누구야?
○ 장영준 : 모 상장사 회장님이에요. 상장사 2개 가진 회장님인데, 이 분은 뭐 M&A꾼도 아니고 그냥 비즈니스 감각이 되게 큰 분이에요.

[김한석-장영준의 2019년 12월 19일자 녹취록 중]

대신증권 반포 WM센터 장영준 센터장은 스타모빌리티 김봉현 회장이라는 사람과 매우 친분이 깊었던 것으로 김한석 씨 녹취록을 통해 확인된다.

○ 장영준 : 그래서 제가 이분한테, 그 회장님한테 다시 제가 ...했어요. 형님 동생 하는데, 형님! 이거 지분 인수합시다. 지금 여기도 이번에 인수했는데 어차피 사무실하고 집기 이런 비용이 필요해요. 거의 한 10억 들어요. 여의도에. 그래 이거 10억 할 바에 제가 이 지분 쇼부(협상)쳐올 테니, 제가 10억에 쇼부를 쳐올 테니 이걸 인수하시죠. 여기서도 하자! 대신 이제 부담될 건 많을 겁니다. 금감원 풀어야 될 것도 있고. 오케이! 그래갖고 여기를 두 번째 딜을 한 거였죠, 제가. 종진이한테 15억에 넘겨, 라고 한 거였고. 근데 얘는 누군지 실체를 누군지 모르니까. 누군지 실체를 모르니까 불안한 거였고. 그래서 이번에 어제 다시 만나가지고 이렇게 얘기가 된 거예요. 그럼 순서를 어떻게 할 거냐면 지금의 라임은 이제 이렇게 되면 어떻게 구조가 가냐면 인수를 했다고 가정을 하는 거예요.

○ 김한석 : 인수를 했을 때.

○ 장영준 : 했을 때 가정. 여기는 다 자문단이 둘 다 들어갈 건데 이쪽 다 자문단이, 이것도 참! 청와대에서 자문단 그것까지 다 받았어요. 그 들어가는 사람까지. 이쪽은 어떻게 보면 이제 펀딩을 많이 해 올 수 있는 쪽, 돈 많이 끌어올 수 있는 쪽으로 자문단을 만들거고, 이쪽은 진짜 쓰레기 처리반으로 갈 거거든요. 감독원 출신, 검찰 출신그리고 경찰 출신, 그리고 그쪽 변호사. 변호사도 지금 1명을 최태원 옛날에 TRS, 우리 TRS잖아요?,

○ 김한석 : 응응

○ 장영준 : 2010년도인가 최태원 TRS로 뭐 불법거래한 거가 있는데 그게 원래 벌금 100억인가 그랬거든요? 이걸 5천만 원인가로 낮춘 사람이에요. 그 변호사도 영입을 할 거예요. 그래서 여기를 완전 사건 해결반으로 갈 거거든. 그렇게 진행을 하고. 그럼, 여기다가 이제 라임에다가는 그 금감원에다가는 우리가 이렇게…

[김한석-장영준의 2019년 12월 19일자 녹취록 중]

장영준은 이처럼 주변에 김봉현 회장과 깊은 친분을 내세웠는데, 녹취록 내용을 보면 김봉현 회장과 본인이 '형님 동생 하는 사이'라고 하면서 라임을 이분이 인수할 것이라고 설명한다. 라임펀드를 김봉현을 통해 또다시 인수해서 TRS 전문 변호사를 영입하여 라임펀드와 똑같은 구조의 펀드 운용을 꿈꾼 것이 바로 장영준이다.

상식적으로 단지 펀드를 판매하는 위치에 있는 판매 직원이 과연 이런 원대한 꿈을 꿀 수 있을까?

한낱 판매회사의 직원이 라임자산운용이 투자한 스타모빌리티의 김봉현 회장과 형님 동생 하면서 라임자산운용 인수 계획을 세운다는 것은 무엇을 의미할까? 그것은 바로 이들이 라임 사태에 처음부터 깊숙이 개입했다는 강력한 방증이라 생각한다.

나는 지금도 라임 사태의 수사가 제대로 이뤄진 부분이 없다고 생각한다.

김봉현이 보석으로 석방 중 팔당대교 인근에서 전자발찌를 끊고 도주했다가 49일 만에 잡힌 것이 언론에 대대적으로 보도된 적이 있다. 이전에는 영장 심사를 앞두고 5개월간 도피했다가 잡힌 바 있고, 이후에는 CCTV 사각지대를 파악하는 등 '탈옥 계획서'를 만들어 탈옥을 시도하려다 변심한 조력자 때문에 덜미가 잡힌 적도 있다. 이렇게 김봉현의 다이내믹하고 드라마 같은 이야기가 우리의 관심을 끌기에는 충분하지만, 김봉현에 대한 수사는 사실상 라임 사태의 본질에 접근하는 수사가 아니다.

> 서울남부지검 등에 따르면 김 전 회장의 행적은 11일 오후 1시 30분쯤 경기 하남 팔당대교 인근에 서 마지막으로 포착됐고, 같은 날 오전에는 여의도 소재의 한 교회에 갔던 것으로 파악됐다. 여의도 교회에서 하남 팔당대교로 향하는 동선이 김 전 회장의 잠적 전 확인된 마지막 행적인 셈이다. 검찰은 김 전 회장의 조카 A 씨가 잠적 직전까지 그와 함께 있었던 정황을 포착하고, 지난 12일 A 씨의 휴대전화와 차량 블랙박스를 압수했고, 다음 날(13일) A 씨를 불러 조사했다.
>
> 그러나 A 씨는 이미 김 전 회장과 헤어지기 전, 이미 휴대전화 유심(USIM, 범용 가입자 식별 모듈) 및 블랙박스를 모두 교체한 상태였다.

> 검찰은 A씨가 김 전 회장의 도피를 적극적으로 도운 것으로 보고 있지만 '친족 또는 동거가족이 범인을 은닉·도피하게 한 죄를 범할때엔 처벌하지 않는다 (형법 151조 2항)'는 규정 때문에 A 씨를 범인도피죄로 처벌할 수도 없는 상황이다. A 씨에게 김 전 회장 의 소재에 대해 믿을만한 진술을 하도록 압박할 수단이 없는 셈이다.
>
> 라임자산운용(라임) 투자사기 사건의 또 다른 핵심 인물인 김영홍 메트로폴리탄 회장도 지난 2019년 10월 9일 출국한 뒤 3년 넘게 도주 중인 상황이어서 김 전 회장의 도주가 검찰에 주는 곤혹스러움 은 이만저만이 아닌 상황이다. 검찰 일각에선 "탐문(探問)부터 다시 하게 생겼다." (검찰관계자)는 한 탄이 나오고 있다. 검찰은 실제로 김 전 회장의 가족과 지인, 밀입국 브로커 등에 대한 탐문에 나서 는 한편 국가정보원에도 공조 요청을 하는 방안을 검토하고 있다.
>
> **2022년 11월 14일 자 중앙일보 "김봉현, 팔당대교서 마지막 포착… 3년 전 떠오른 검찰 악몽" 기사 내용 중**

대부분 국민은 김봉현 회장이 라임 사태의 주범으로 구속되어 수사를 받고 재판을 받고 있었다고 생각할 것이다. 그러나 놀랍게도 그렇지 않다. 언론에서는 김봉현을 라임 사태의 주범이라고 연일 보도하지만, 김봉현이 구속되어 재판받고 있던 내용은 옛 수원 여객, 스타모빌리티의 공금 횡령 사건이다. 물론 라임펀드에서 투자된 자금이 그 회사에 들어갔고, 그 돈을 횡령한 것은 맞지만 엄격히 말하면 그냥 회삿돈을 횡령한 사건으로 재판을 받는 것이지, 그가 라임 사태를 일으키는 데 어떤 역할을 하였고, 라임펀드 사기 사건에는 어느 정도 공모하였는지에 대해서는 수사가 제대로 이루어지지 않은 것이다.

수사가 이루어지지 않은 것은 비단 이뿐만이 아니다.

장영준 역시 판매회사에서 금융투자 상품에 대한 허위의 설명을 했다는 이유로 '자본시장법 위반(사기적 부정거래 행위)'로만 수사를 받고 기소가 되어 재판받았을 뿐, 라임 사태에 어떻게 가담하고 어떤 역할을 하였으며 라임 사태라는 희대의 금융사기 사건의 공범인지 여부에 대한 수사를 제대로 받지 않았다.

내가 처음 장영준에 대한 고소장을 제출하였을 때는 '특정경제범죄 가중처벌 등에 관한 법률 위반 (사기)'와 '자본시장법 위반'이 두 가지로 고소하였는데, 이상하게도 자본시장법 위반에 대하여만 수사가 이루어지고 가장 중요한 라임 사기 사건의 공범으로서는 전혀 수사가 이루어지지 않았다. 즉, 사기 부분은 고소장에 명시했음에도 불구하고 수사 자체를 하지 않은 것이다.

1. 피의사실과의 관계

- 금융감독원은 대신증권 소속 장영준에 대한 검사를 실시하여 장영준에 대한 특정경제범죄가중처벌등에관한법률위반(사기) 등 혐의로 검찰에 통보한 사실이 있습니다.

[금융감독원 직원 XXX의 진술조서 내용 중 발췌]

심지어 금융감독원조차 대신증권 장영준을 사기로 수사를 해달라고 통보까지 검찰에 한 상황에서 그에 대한 사기 사건 수사가 진행이 전혀 안 되는 것이다. 금감원이 사기로 본 이유 중 하나는 바로 앞서 언급한 것처럼 장영준 센터장은 블라인드 펀드인 라임펀드의 투자 대상 기업들에 대한 정보를 미리 입수하고 그 주식을 매입하는 등, 고객들에게 설명한 내용과 달리 무등급 기업들에 라임펀드 자금이 투자되고 있음을 잘 알고 있으면서도 투자자들을 속이고 펀드를 판매하였기 때문이다.

나는 당시 고소장을 접수하고 수사를 담당하는 주임 검사인 나XX 검사에게 전화를 걸어 검찰청에 방문하여 면담하고 싶다는 의견을 전달하였다. 2020년 3월경 이렇게 약속을 잡고 얼마 뒤 검찰청을 방문했는데, 나XX 검사는 자신이 주임 검사임에도 불구하고 나에게 자신이 아닌 다른 검사를 연결해 주겠다고 하면서 배XX 검사와의 자리를 주선했다. 그 당시에는 나XX 검사가 수사로 시간이 없어서 자기 부원인 배XX 검사를 만나라고 했던 것이라 순진하게 생각했었다. 그런데 배XX 검사와 면담을 하면서 나는 직감적으로 검찰에서 라임 사태의 대규모 사기 사건에 대한 수사 의지가 없거나 매우 부족하다는 생각이 들었다.

배XX 검사는 내게 라임펀드 사건이 왜 사기인지 묻지 않았다. 그는 내게 언론에 제공한 김한석 녹취록 외에 또 공개할 자료가 있는지를 물었다. 그가 관심이 있었던 것은 내가 김한석 녹취록처럼 언론에 먼저 공개하여 자신들이 수사할 수밖에 없는 상황을 만드는 것이 싫었던 모양이다. 실제로 언론에 김한석 씨의 녹취를 공개하고서 김봉현과 청와대 행정관 김XX에 대한 수사가 진행되었는데, 김봉현에 대해서는 라임 사태의 주범으로서가 아니라 단지 스타모빌리티의 자금을 횡령한 것에 대해서만 수사가 진행되었다. 내가 녹취록을 공개하여 언론에서 대대적으로 보도를 하지 않았다면, 김봉현은 아직 수사도 받지 않았을지 모를 일이다.

그런데 구속된 김봉현은 얼마 지나지 않아 소위 '옥중 편지'를 통해 언론을 이용하기 시작했다. 그는 옥중 편지를 자신의 변호인 이XX 변호사를 이용해 언론사에 공개하면서 라임 사태의 주범이라는 자신에 관한 관심을 돌리려고 했던 것으로 보인다. 그 과정에서 김봉현은 검사에게 접대한 사실을 폭로하였고, 검찰 내부자들로부터 수사 정보 등 도주 방법 등을 들었다고 주장하였다. 김봉현은 "옛 대우조선해양 수사팀 검사 3명에게 1,000만 원 상당의 술대접을 했다"라고 주장했다. 여기에 전관 변호사인 이XX 변호사를 통해 나XX 검사, 유XX 검사, 임XX 검사에게 접대하였다는 것인데, 이들 검사는 2016년 대검 부패범죄특별수사단에서 대우조선 분식회계·경영비리 사건을 수사한 인연이 있다.

이 때문에 4명 중 이XX 변호사와 나XX 검사만 부정청탁금지법 위반으로 기소되었는데, 나는 나XX 검사는 뇌물죄가 적용되어야 하는 사안이라 생각한다. 나XX 검사는 라임 사건을 담당하는 주임 검사가 되어 김봉현 관련 수사를 하게 되었기 때문이다. 나XX 검사 이외에 나머지 2명의 검사는 도중 자리를 먼저 떠서 '공직자 1회 한도 수수액 100만 원'을 넘지 않았다는 이유로 불기소 처분되었고, 이XX 변호사와 나XX 검사는 기소가 되었지만 2022년 10월 향응액수가 '93만 9,167원'으로 100만 원을 넘지 않았다는 이유로 무죄가 선고되었다. 뇌물죄로 기소가 되었다면 금액의 다과는 문제 되지 않고 유죄가 인정될 수 있는 사안이지만, 검찰에서는 나XX 검사가 직무 관련성이 없이 향응을 받았다고 본 것이다. 이후 나XX 검사는 라임 사건 주임 검사가 되었고, 내가 느낀 바로는 그는 수사 의지가 부족해 보였다.

어쨌든 김봉현의 옥중 편지 사건이 발단되어 추미애 법무부 장관의 수사지휘로 인해, 윤석열 당시 검찰총장은 라임 사건 수사에 일절 관여하지 못하게 되는 사상 초유의 일이 벌어지게 되었다.

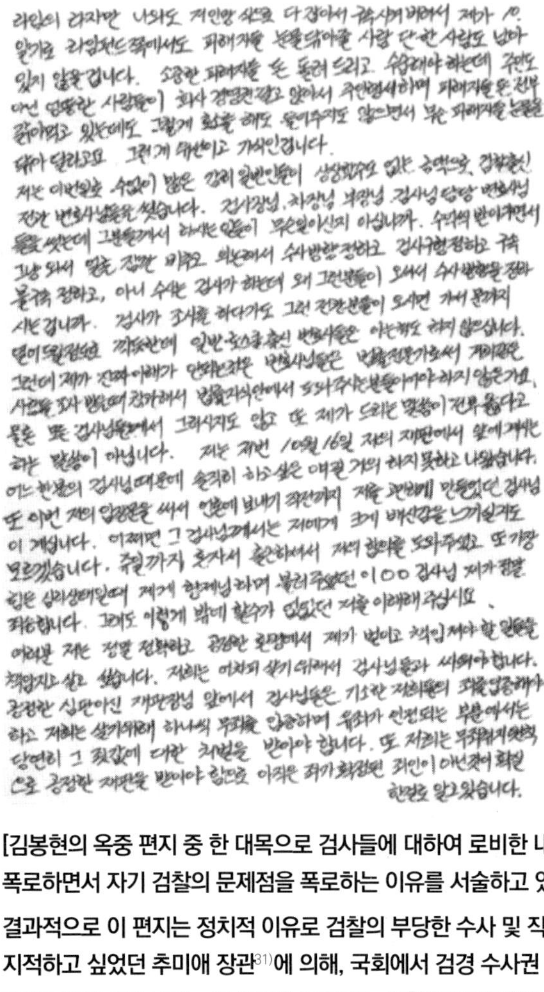

라임의 라자만 나와도 저인망식으로 다 잡아서 구속시켜버려서 제가 [illegible]
알기로 라임펀드쪽에서도 피해자들 눈물 닦아줄 사람 단 한 사람도 남아
있지 않을겁니다. 소중한 피해자들 돈 돌려 드리고 수습해야 하는데 주인도
아닌 엉뚱한 사람들이 회사 경영권 잡고 앉아서 주인행세하며 피해자들 돈 전부
갉아먹고 있는데도 그렇게 호소를 해도 들어주지도 않으면서 무슨 피해자들 눈물을
닦아 달라고요. 그런게 위선이고 가식인겁니다.
저는 이번일로 수없이 많은 검찰 일반인들이 상상할수도 없는 금액으로, 검찰출신
전관 변호사님들을 썼습니다. 검사장님, 차장님, 부장님, 검사님 담당 변호사님
들을 썼는데 그분들께서 하시는 일들이 무슨일이신지 아십니까. 수억씩 받아가면서
그냥 와서 얼굴 잠깐 비추고 외부에서 수사방향 정하고 검사구형 정하고 구속
불구속 정하고, 아니 수사는 검사가 하는데 왜 그런분들이 오셔서 수사방향을 정하
시는겁니까. 검사가 조사를 하다가도 그런 전관분들이 오시면 가서 문까지
열어드릴정도로 깍듯한데 일반 로스쿨출신 변호사들은 아는척도 하지 않으십니다.
그런데 제가 진짜 이해가 안되는것은 변호사님들은 법률전문가로서 [illegible]
사건을 조사 받을때 참여해서 법률지식안에서 도와주시는분들이어야 하지 않은가요,
물론 모든 검사님들께서 그러시지도 않고 또 제가 드리는 말씀이 전부 옳다고
하는 말씀이 아닙니다. 저는 지난 10월 16일 저의 재판에서 앞에 계시는
어느 한분의 검사님때문에 솔직히 하고싶은 얘기 거의 하지 못하고 나왔습니다.
또 이번 저의 입장문을 써서 언론에 보내기 직전까지 저를 [illegible] 만들었던 검사님
이 계십니다. 어쩌면 그 검사님께서는 저에게 크게 배신감을 느끼실지도
모르겠습니다. 주말까지 혼자서 출근하셔서 저의 합의를 도와주셨고 또 가장
힘든 심리상태일때 제게 형제님하며 불러주셨던 이OO 검사님 제가 정말
죄송합니다. 그래도 이렇게 밖에 할수가 없었던 저를 이해해 주십시요.
이러한 저는 정말 정확하고 공정한 환경에서 제가 벌이고 책임져야 할 일들을
책임지고 싶습니다. 저희는 어차피 살기 위해서 검사님들과 싸워야 합니다.
공정한 심판이신 재판장님 앞에서 검사님들은 기소한 저희들의 죄를 입증해야
하고 저희는 살기위해 하나씩 무죄를 입증하며 유죄가 인정되는 부분에서는
당연히 그 죗값에 대한 처벌을 받아야 합니다. 또 저희는 무죄추정의 원칙
으로 공정한 재판을 받아야 함으로 아직은 죄가 확정된 죄인이 아닌것이 확실
한것으로 알고있습니다.

[김봉현의 옥중 편지 중 한 대목으로 검사들에 대하여 로비한 내용을 폭로하면서 자기 검찰의 문제점을 폭로하는 이유를 서술하고 있다.

결과적으로 이 편지는 정치적 이유로 검찰의 부당한 수사 및 직권남용을 지적하고 싶었던 추미애 장관[31]에 의해, 국회에서 검경 수사권 조정법안을 통과시키는 데 탄력을 부여하는 역할을 하게 되었다.]

31) 추미애 장관은 2020년 국정감사장에서 라임 사태의 주범 중 하나인 김봉현에 대하여 "그의 진술이 사실이라면 공익제보자로 대접해야 한다"라고 말했다. 라임펀드의 수천 명의 피해자는 추 장관의 이 말을 과연 어떻게 생각했을까? 피해 복구가 전혀 되지 않고 있던 당시 상황에서 투자자들은 피눈물을 흘리지 않았을까?

> ‘라임자산운용(라임) 사태’의 주범으로 지목된 김봉현 전 스타모빌리티 회장이 16일 ‘옥중 입장문’을 통해 여권뿐 아니라 야권 인사에게도 로비를 벌였으며 현직 검사에게도 접대한 적이 있다고 폭로했다.
> 그는 또 검찰이 원하는 결론에 맞춰 수사했고, 전관 변호사를 통해 특정 정치인이 (사건에) 관련이 있다는 진술을 하라는 협박도 했다고 전했다.
>
> 김 전 회장은 이날 변호인을 통해 공개한 입장문에서 “지난해 7월 전관 출신 A 변호사를 통해 현직 검사 3명에게 1천만 원 상당의 술 접대를 했다.”라고 주장했다. 그는 “회식 참석 당시 추후 라임 수사팀에 합류할 검사들이라고 소개받았는데, 실제 1명은 수사팀에 참가했다”라며 “올해 5월 조사를 받기 위해 서울남부지검에 도착해 보니 접대 자리에 있던 검사가 수사 책임자였다”라고 말했다.
>
> **2020년 10월 6일 자 한국경제TV “김봉현 옥중 추가 폭로...여야 계억대 로비, 검사도 1천만 원 술접대”기사 내용 중**

지금 돌이켜 생각하면 나는 김봉현 회장이 룸살롱에서 접대한 나XX 검사를 찾아가 김봉현이 관련된 라임 사태가 희대의 금융사기이니 철저히 수사하겠다고 요청하려 했다. 수사에 도움이 된다면 증거도 넘겨주었을 텐데 그가 나와의 만남을 거부했던 것이 어떻게 보면 다행이라는 생각마저 든다.

당시는 내가 SBS에 제공한 김한석 씨 녹취록으로 김봉현과 청와대 행정관에 대한 문제가 언론에 대대적으로 보도되고, 각 언론사에서 그들이 자주 가던 룸살롱까지 찾아 그곳에서 김봉현과 청와대 김XX 행정관, 그리고 이상호 더불어민주당 부산 사하을 지역위원장 등이 함께 찍은 사진도 보도되기 시작하던 때이다.

이상호는 미키루크라는 닉네임으로 노사모를 이끌었던 인물로 문재인 대통령과 이재명 대통령의 부름을 받을 정도로 선거의 귀재로 불리는 민주당의 핵심 인물이었다. 그는 김봉현으로부터 정치자금 3,000만 원을 받은 혐의로 정치자금법 위반·배임수재 혐의로 기소되었는데 검찰은 이상호가 김봉현에게 총선 자금이 필요하다며 먼저 돈을 요구했다고 공소장에 적었다. 결국, 그는 서울남부지방법원에서 징역 2년과 추징금 3,000만 원을 선고받고 실형 복역을 하였다.[32] 그러나 그가 김봉현에게 돈을 받은 대가로 어떤 편의를 제공했는지는 알려지지 않았다.

나XX 검사에 대한 보도가 나오면서 라임 사건에 대한 수사가 잘 진행되지 않은 이유가 여기에 있었다고 의심할 수밖에 없었다. 라임

---

32) 그는 수감 중에 2~3일에 한 번씩 지속해 동성을 강제 추행한 혐의로 1심에서 10개월의 징역형을 선고받고 법정구속 되었다. 이미 2020년 총선 당시 음주운전 2회에 특수공무집행방해 1회, 공직선거 및 선거 부정 방지법 위반 1회, 집시법 위반 2회, 공직선거법 위반 1회 등 전과 7범이라는 사실이 알려졌는데, 사회적 교화가 가능한 사람인지 의문이 든다.

사건의 피해자를 대리하는 처지에서 분노가 치미는 순간이었다. 라임 사태의 또 다른 주범, 어찌 보면 김봉현보다 더 큰 이익을 취한 에스모의 이인광, 메트로폴리탄의 김영홍 등 핵심 주범들에 대한 수사가 제대로 이뤄지지 않은 이유도 이런 로비 등이 작용한 것이 아닌지 의심하게 된다[33].

실제로 라임 사태가 발생한 본질인 ① 투자금이 이렇게 대규모로 모일 수 있도록 한 판매회사에 대한 라임자산운용의 로비, ② 라임 사태를 축소하기 위한 정치권과 검찰에 대한 로비, ③ 라임 투자자의 돈을 겨냥한 기업사냥과 주가조작, ④ 1조 6천억 원이 넘는 돈의 행방이라는 4가지 큰 방향의 수사는 매우 미흡하다.

고소가 이루어진 몇몇 사건과 언론에 노출된 사안들에 대한 수사가 일부 진행되었지만, 라임펀드가 왜 이렇게 많이 팔리게 되었는지와 수조 원의 판매가 이루어지는 동안에도 왜 감독이 제대로 이루어지지 않았는지, 그 많은 돈은 도대체 어디로 갔는지, 라임자산운용에서 라임펀드를 판매하기 위해 판매회사나 그 임직원들에 대한 금품로비는 없었는지 등은 아직도 밝혀진 바 없다.

당시 증권범죄합수단이 해체되어 일시적으로 수사가 중단되고 지

33) 2024년 3월 19일 서울남부지검 금융·증권범죄 합동수사부(하동우 부장검사)는 이인광 에스모 회장을 프랑스에서 검거했다고 보도했고, 김영홍은 아직도 도피 중이다.

연된 것은 이해할 수 있다고 치자.

그러나 증권범죄합수단이 부활한 지금까지도 위 4가지 방향의 라임 사건 수사는 제대로 이루어지지 않고 있어 피해자들을 대리하는 처지에서 안타깝고 답답한 심정이다. 내가 이 책을 통해서 라임자산운용만이 라임 사태의 사기꾼이 아니라 은행과 증권사들도 사기꾼이라고 말하고 싶은 이유가 지금이라도 이들에 대한 수사를 명백히 밝히어 라임 사태의 전체적인 문제점을 드러내고, 더는 이와 같은 일이 반복되지 않기를 바라기 때문이다.

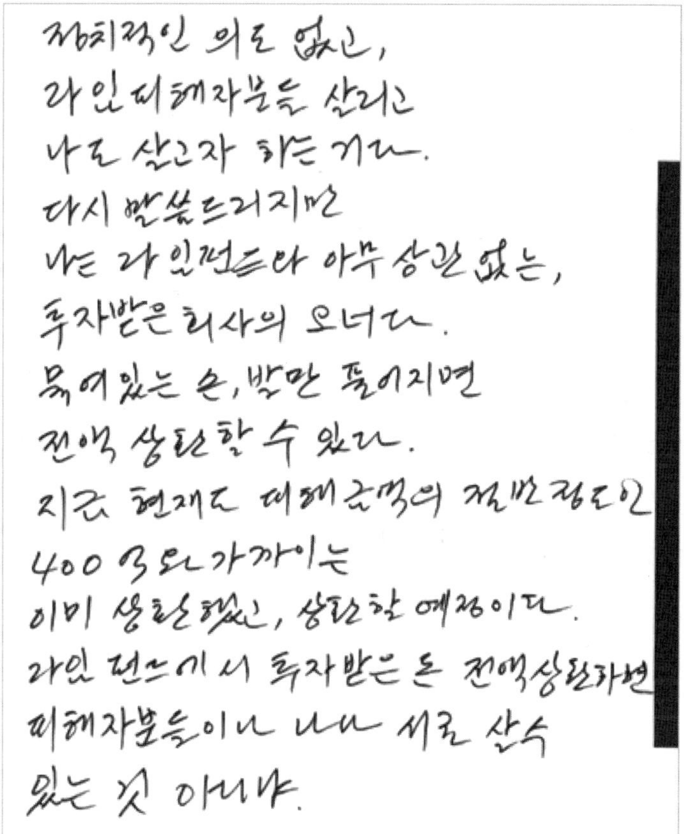
정치적인 의도 없고,
라임피해자분들 살리고
나도 살고자 하는 거다.
다시 말씀드리지만
나는 라임펀드와 아무 상관 없는,
투자받은 회사의 오너다.
묶여있는 손,발만 풀어지면
전액 상환할 수 있다.
지금 현재도 피해금액의 절반 정도인
400억원 가까이는
이미 상환했고, 상환할 예정이다.
라임 펀드에서 투자받은 돈 전액상환하면
피해자분들이나 나나 서로 살수
있는 것 아니냐.

[김봉현이 2020년 10월경 구속되어 있을 당시, 보석을 청구하기 위해 내게 피해자 김한석 씨와 합의하고 싶다면서 써서 보낸 편지.

오로지 보석으로 석방되기 위해 라임 사건의 피해자로서 많은 노출이 있었던 김한석 씨의 피해 금액만 갚아 주겠다면서 그의 변호인을 통해 나에게 연락이 왔었다.

하지만 나는 그 말이 거짓말이며, 라임펀드 피해자의 대표성을 갖는 김한석 씨를 이용하려는 의도를 알았기 때문에 김한석 씨에게 합의 제의가 왔었다는 말을 아예 전달하지 않았다.]

12 사기 취소를 원인으로 하는 투자금 100% 배상 판결

내가 대표변호사로 있는 '법무법인 우리'는 과거부터 금융 피해자, 즉 투자자 측의 관점에서 소송을 대리해온 부티크 로펌이다. 돈은 안 되고 힘든 일이지만 다윗이 골리앗을 쓰러뜨리는 그 쾌감(?)에 도취해 우리 법무법인의 변호사들과 직원들은 라임펀드 사건에 정말 최선을 다해 임하였다. 그 결과 라임펀드에 투자한 개그맨 김한석 씨와 아나운서 이재용 씨 등을 비롯한 원고 4인을 대리하여, 대신증권을 상대로 서울중앙지방법원에 사기 및 착오를 이유로 펀드 판매 계약의 취소를 원인으로 한 100% 투자금 반환을 구하는 민사소송(부당이득반환)을 제기하였다.

앞서 이야기했던 것처럼 펀드 불완전판매 사건에서 손해배상이 인정된 예는 있었어도 사기 취소가 인정된 예는 없었다. 사기 취소가 인정되려면 금융기관들이 고객을 대상으로 기망행위를 했다는 점을 입증해야 하는데, 그것이 쉽지 않기 때문이다. 그럼에도 불구하고 자본시장법 제178조를 통해 금융 사기범들에 대한 수사와 처벌이 이뤄질 수 있도록 했고, 밤낮없이 사기를 입증할 근거들을 마련하며 공방을 준비했다.

그렇게 2년 2개월의 긴 법정 공방 끝에, 2022년 4월 28일 2시에 서울중앙지방법원 제16민사부(합의부)의 1심 판결 선고를 앞두고 있었다. **(서울중앙지방법원 2020가합515027).**

아직도 선고일의 느낌을 잊을 수가 없다.

선고 당일 우리 로펌의 변호사들과 김한석 씨는 법정에 직접 선고를 들으러 방청하러 가서 법원 뒤편 방청석에 앉아 떨리는 마음으로 선고를 기다리고 있었다. 재판장이 선고를 위해 들어오는 순간에 나 자신도 숨이 멎을 것 같았다. 아무리 최선을 다했다고 하지만 선고 결과가 어떻게 나올지는 알 수 없는 것이기 때문이다. 하지만 나보다 더 떨고 있는 김한석 씨에게 나의 불안한 마음을 티 내지 않으려 애썼다.

'지금껏 펀드 불완전판매 사건에서 손해배상은 인정된 예가 있어도 사기 취소가 인정된 예가 없지 않은가... 설사 사기 취소가 인정되지 않더라도 너무 좌절하지 말자'라고 속으로 다짐하면서 판결문을 읽으려는 재판장의 얼굴을 똑바로 바라보았다.

재판장은 판결문을 읽어 내려갔다.

"원고들의 주위적 청구를 전부 인용한다."

하마터면 법정에서 소리를 지를 뻔했다. 모두가 불가능하다고 했던 소송에서 그동안 단 한 번도 인용된 적 없는 '사기 취소'를 인정받는 역사적 판결을 끌어낸 것이다. 법정을 나서면서 김한석 씨는 눈물을 흘렸고, 함께 고생했던 변호사들도 같이 울었다.

서울중앙지방법원

제16민사부

판 결

사 건	2020가합515027 부당이득금
원 고	1. A
	2. B
	3. C
	4. D
피 고	E 주식회사
변론종결	2022. 4. 7.
판결선고	2022. 4. 28.

주 문

1. 피고는,

가. 원고 A에게 389,183,793원 및 그 중 64,183,793원에 대하여는 2017. 12. 12.부터, 225,000,000원에 대하여는 2018. 11. 8.부터, 100,000,000원에 대하여는 2019. 5. 1.부터 각 2020. 3. 2.까지는 연 6%, 각 그 다음날부터 다 갚는 날까지는 연 12%의 각 비율로 계산한 돈을,

나. 원고 B에게 363,991,438원 및 그 중 63,991,438원에 대하여는 2018. 1. 25.부터,

[김한석씨, 이재용씨 등 원고 4인에 대한 전부 승소 판결문 중 주문]

안타깝게도 이 판결은 항소심에서 100% 배상이 아닌 80% 배상으로 배상 비율이 줄었고, 상고를 제기했지만, 대법원에서 기각되었다. 이유는 투자자가 대신증권의 기망행위로 착오에 빠졌다고 볼 수 없다는 점, 투자자의 자기책임 원칙이 인정된다는 점이었다. 대체 금융기관이 어느 정도까지 적극적으로 투자자들을 속여야 기망행위가 인정될 수 있는 것인지, 그들의 적극적이고 조직적인 개입을 어디까지 입증해야 하는지 이해가 되지 않았다. 게다가 장영준을 비롯한 사기 가담자들이 사기적 부정거래행위 등으로 유죄를 선고받았는데, 그 피해자들은 사기 범죄의 피해자가 아니라는 것이 말이 되는가?

정말 여러 가지 생각이 들면서 분노가 치밀었다. 김봉현의 뇌물을 받은 검사들의 라임 사태에 대한 총체적인 수사 부실 때문에 투자자들이 입은 피해가 복구되지 못한 것이라는 생각부터, 제도적으로 피해자를 구제하는 것이 아닌 은행의 책임 회피에 유리하게 설계된 제도를 개선하지 않고서 이러한 문제는 무한 반복될 것이라는 생각까지, 어디서부터 잘못된 것인지를 끊임없이 곱씹어 보았다.

이대로는 그냥 멈출 수는 없다고 생각하면서 처음부터 퍼즐을 하나하나 다시 맞춰보기로 했다.

그 이후에도 우리은행을 상대로 한 투자자들의 판결도 선고되었다. 증권사가 아닌 은행을 상대로 한 소송은 더 이기기 어렵다. 실제로 다른 투자자들을 대리하는 로펌들의 우리은행을 상대로 한 소송들이 줄줄이 패소하고 있다는 소식이 들려오고 있었다.

나는 이 소송에서 이기기 위해 이 사건의 핵심인 라임자산운용의 이종필 부사장을 직접 만나기로 결심하였다. 그리하여 구치소에서 구속수감 중인 이종필 부사장에 대한 접견을 신청하고, 그가 접견을 수락하기를 기다렸다. 이 사건의 원흉인 이종필은 피해자들을 대리하며 처벌을 강력히 원하는 내게 좋은 감정을 가질 리 없었기 때문이다.

그런데 남부구치소에서 접견을 수락했다는 연락이 왔다. 이종필을 만나 우리은행에 라임펀드의 판매를 맡기게 된 경위를 상세히 듣고 여러 가지 의문점을 해소할 수 있었다. 그리고 나는 그 길로 로펌으로 돌아와 그와 라임펀드 실무를 담당하였던 임원을 우리은행 라임펀드 사건에 증인으로 신청하였다. 증인으로 채택이 되었고, 그들을 통해 우리은행에서 무리하여 라임펀드를 판매하게 된 경위와 부실한 상황을 어느 정도 인지하고 있었다는 사실을 입증하였다.

결국, 2024년 12월 19일, 우리은행을 상대로 다른 로펌들과 달리 70% 배상 판결을 받아 투자자들을 위한 승소 판결을 받아내었다.

13 라임펀드를 이용한 기상천외한 주가조작, 그리고 맞춰지는 퍼즐들

도대체 왜 이런 희대의 금융사기가 벌어진 것일까? 금융기관과 임직원의 도덕적 해이? 펀드 운용 과정의 미숙함?

아니다. 이것은 거대한 공모에 따라 이루어진 계획된 사기다. 지금까지 언론에 보도된 내용이나 수사기관에서 일부 수사한 내용은 라임 사태의 아주 작은 단편에 불과하다. 그렇기에 아직도 국민은 라임 사태가 단순히 펀드를 판매하면서 설명을 과장되게 한 불완전판매 사건으로 인식하고 있거나, 외부 투자 환경 악화로 인한 펀드 부실 사태로 알고 있는 경우가 많다.

라임 사건이 터진 직후부터 이 글을 쓰고 있는 지금까지 나는 라임 피해자들과 언제 끝날지 모르는 싸움을 이어가고 있다. 이제 돈을 벌기 위한 직업적 업무의 범위는 벗어난 지 오래되어 직업이 아닌 소명처럼 되어가고 있는 듯하다. 그러면서 흩어진 조각과 깨진 파편들을 모아 나름대로 큰 퍼즐 판을 맞추어본 그림에 대한 설명을 지금부터 해보고자 한다.

라임자산운용의 이종필 부사장과 원종준 대표는 금융 전문가이다. 이들은 정상적인 투자를 통해 자신들의 이익과 비용을 제외하고 투자자들에게 확정 수익 8%를 낸다는 것이 불가능하다는 것을 누구보다 잘 알고 있었을 것이다. 단기에는 가능할지 몰라도 연 8%의 수익을 투자자에게 지급하기 위해서는 수수료까지 포함하여 연 15~20%의 수익을 꾸준히 내야 하므로, 장기적으로 이와 같은 수익률을 지속해 낸다는 것은 세계적인 투자자 워런 버핏도 하지 못하는 일이기 때문이다.

이들은 그 수익률을 일시적으로 급격히 높이는 방법으로 시가총액이 작은 코스닥 기업에 전환사채 매입 등의 방식으로 투자하는 것을 고안하게 된다. 이들은 이를 '대체투자'라고 하면서 고객들에게 마치 첨단 투자 기법인 양 떠들고 다녔다. 코스닥 기업은 시가총액 규모가 작으므로 전환사채로 300억 원 정도만 투자해도 시가총액 대비 10~30%의 투자금이 들어오는 것이 되어 주식시장에서는 호재로 작용하기 때문에 주가가 급등하게 된다.

그래서 코스닥 업체 중에는 소위 사채시장에서 자금을 빌려 신주 발행 후 셀프 신주 대금 납부나 전환사채 발행 후 셀프 대금을 내는 경우가 종종 있다. 신주를 발행한다는 것은 제삼자로부터 회사의 가치를 인정받고 투자를 받는 것과 같은 것이기에 통상 주가 상승 요인으로 작용하는데, 이들은 SPC(특수목적법인)[34]를 만들어 사채시장에서 돈을 빌려 제삼자가 아닌 본인들이 빌린 돈으로 신주 대금을 납입한다. 이는 인위적으로 주가를 띄우기 위한 주가조작 행위다. 그 회사의 진정한 가치를 평가한 투자자로부터 전환사채 투자를 받은 것이라면 합법적인 주가 부양이지만, 페이퍼컴퍼니를 통해서 투자 형식만을 빌려 가장 혹은 허위 투자(예, CB 찍기)를 한 것이라면 위법한 주가조작이다.

주가를 부양하고 싶지만 특별한 호재도 없고 회사에 투자할 사람도 없어 자금이 부족한 코스닥 업체는 소위 'CB 찍기[35]'를 해줄 사람을 찾는다. 이런 주가조작을 시도하는 코스닥 업체들은 기업사냥꾼의 먹잇감이 되는데, 김봉현과 이인광, 김정수(전 리드 회장) 등이 바로 그런 기업사냥꾼이다. 이들은 사채 자금을 빌려 대주주의 주식을 인수한 후 바로 매각하고 그 경영권만을 빼앗아 회사의 자금을 횡령한다. 사채 자금은 바로 매각한 주식 대금으로 갚고 회사의 자금은 바지사장을 통해 아무런 인출 근거 없이 돈을 빼내어 횡령한다.

---

34) SPC(Special Purpose Company)는 특정 목적(부동산 개발, 자산 유동화, 기업 인수 등) 달성을 위해 일시적으로 설립하는 법인으로, 모회사의 위험으로부터 분리하여 사업을 진행하고 자금을 조달하는 데 활용된다. 법인 형태는 주식회사나 유한회사 등 일반 회사와 같지만, 설립 목적이 매우 한정적이며, 사업 완료 후 청산되는 '일회성 회사' 성격이 강하며 주로 페이퍼컴퍼니 형태로 운영된다.

35) 'CB 찍기'란 회삿돈으로 회사가 발행하는 CB를 담는 '셀프 투자' 수법 등, 주가조작을 위하여 외형상 CB 자금이 납입된 것처럼 가장하는 행위를 말한다.

그리고 허위 공시 등으로 주가를 조작하면서 차명으로 주식을 매수/매도하여 그 차익도 챙긴다.

대법원이 1조 원대 규모의 라임자산운용 환매중단 사태와 관련돼 재판에 넘겨진 김정수 전 리드 회장에게 징역 5년을 확정했다.

4일 오전, 대법원 2부(주심 이동원 대법관)는 특정경제범죄가중처벌 등에 관한 법률 위반 혐의로 기소된 김 전 회장의 상고심에서 징역 5년을 선고한 원심을 확정했다.

1심에선 리드에 대한 자금 유치 대가로 이종필 前 라임 부사장 등에게 금품을 건네고 박한규 리드 전 부회장과 공모해 17억 9,000만 원을 횡령한 혐의를 인정, 김 전 회장에게 징역 6년을 선고하고 추징금 15억 원을 명령했다. 이후 항소심에서 재판부는 김 전 회장이 리드 자금의 보관자 지위에 있지 않고 횡령을 주도했다고 보기 어렵다며 징역 5년을 선고했다.

2심 재판부는 "김 전 회장이 금품 공여라는 비정상적 방법을 통해 금융시장의 공정성을 침해하고, 기업들에 자금을 알선해 25억 원을 받았다."라며 "결과적으로 라임 사태를 맞이했고 이로 인해 수많은 사회적 손실이 발생했다"라고 밝혔다.

2022년 3월 4일자 비투데이 '라임 사태' 김정수 전 리드 회장, 징역 5년 확정' 기사 내용 중

이종필은 이런 기업사냥꾼들과 손을 잡았다. 정상적인 투자 방법으로는 일시적으로 고수익을 낼 수 있지만, 지속해 고수익을 낼 수는 없기에 이들과 공모하여 펀드 돌려막기를 시작한 것이다. 대신 그는 이들에게 사채 역할을 대신하여 CB 찍기 자금을 라임펀드 투자자들의 돈으로 대주었다. 나아가 라임펀드에서 A 기업에 300억 원을 CB 대금으로 내기로 하면서 그중 200억 원을 다시 라임펀드 매수에 쓰도록 했다. 이런 돌려막기의 축으로 김영홍의 메트로폴리탄, 이인광의 에스모, 김봉현의 스타모빌리티, 김정수의 리드 등이 이용되었다.

대표적으로 바이오빌 CB가 2019년 2월 상장폐지 위기에 처하자, 라임은 그 부실 CB를 장외 업체인 김영홍의 메트로폴리탄에 넘겼다. 메트로폴리탄은 부실이 발생하여 아무도 매수하지 않을 250억 원 규모의 바이오빌 CB를 10% 할인율만을 적용한 말도 안 되는 금액 225억 원에 매입한다. 이렇게까지 무리를 한 이유는 이들이 펀드 부실을 숨기기 위해 돌려막기에 나섰기 때문이다.

메트로폴리탄, 메트로폴리탄씨앤디 등은 또 라임으로부터 폴루스바이오팜 CB 110억 원을 매입하였는데, 메트로폴리탄씨앤디가 매입한 70억 원어치 CB(25회차)는 한 달도 되지 않아 원금 상환 불이행에 따른 기한이익상실(EOD)[36] 사유가 발생하였다. 이들은 이렇게 언 발에 오줌 누기 식으로 펀드를 돌려막으면서 부실을 숨겨왔다. 고객들은 그것도 모르고 잔고 HTS 화면에 기재된 거짓 수익률을 보면서 안심하고 있었다.

> 라임자산운용 '뒷배'로 거론되는 김봉현 스타모빌리티 회장이 운용사와 증권사를 앞세워 '전환사채(CB) 찍기' 수법까지 동원한 것으로 나타났다. 'CB 찍기'란 회삿돈으로 회사가 발행하는 CB를 담는 '셀프 투자' 수법을 말한다. 검찰과 금융당국을 허수아비로 세운 채 라임을 둘러싼 머니게임이 기상천외한 수법으로 계속되고 있다는 지적이다.
>
> 23일 금융감독원에 따르면 김 회장이 지배하는 코스닥시장 상장사 에이프런티어로 흘러들어간 600억원의 원천은 다름 아닌 에이프런티어 자금으로 확인됐다. 앞서 지난 1월 라임의 '아바타 운용사'로 불리는 포트코리아자산운용은 런앤히트18호펀드를 내세워 KB증권과 총수익스와프(TRS)를 맺은 뒤 에이프런티어 CB와 신주인수권부사채(BW) 600억원어치를 인수했다. 펀드에 담긴 약 400억원을 담보로 KB증권에 200억원가량을 빌려 자금을 마련했다.
>
> 편법 'CB 찍기' 흐름도
>
> 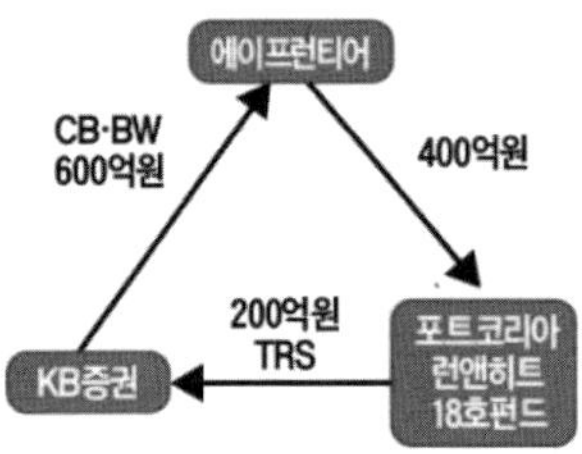
>
>
> 여기서 포트코리아 펀드자금 400억원은 에이프런티어 회삿돈으로 드러났다. 결국 '에이프런티어→포트코리아 펀드→KB증권→에이프런티어' 구조로 돈이 돌고 돈 것이다.

[2020년 3월 24일 한국경제 기사 내용 중]

---

36) 기한이익 상실(Event of Default, EOD)은 채무자가 대출 만기 전이라도 이자·원금 연체, 담보 가치 하락 등 약정된 특정 사유가 발생했을 때, 만기까지 기다리지 않고 채권자가 대출금 전액을 즉시 상환하라고 요구할 수 있는 권리(또는 그 상태)를 의미하며, 채무자는 이로 인해 모든 대출금을 즉시 갚아야 하고 연체이자가 붙으며 신용도 하락 등의 불이익을 받게 된다.

다시 A 기업 이야기로 돌아가 보자. 주가를 부양하고 싶은 코스닥 상장사 A 기업은 라임펀드의 자금을 투자받는다. 그런데 이종필은 그 투자금 중 대부분을 다시 라임펀드를 매수할 것을 조건으로 내걸었다. 결국 A 기업은 투자받은 돈으로 다시 라임펀드를 매수한다. 이렇게 되면 펀드 수익률이 늘 유지되는 것처럼 보이게 함으로써 부실을 숨길 수 있게 되는 것이다.

에스모의 이인광 역시 라임펀드를 이용해 CB 발행을 통한 주가조작으로 큰 이익을 챙겼다. 이인광은 메타헬스케어투자조합을 실질적으로 소유하고 있었는데, 이 조합이 동양네트웍스라는 기업을 인수했다. 이를 인수한 이유는 동양네트웍스가 보유한 현금을 인출하여 에스모에 묶여있는 루트원 조합 지분을 현금화시키기 위함인 것으로 추측된다.

그는 2017년 동양네트웍스의 자금 225억 원을 라임오렌지전문투자형 사모투자신탁 10호(라임오렌지 10호)에 가입시켜 라임펀드에 투자하도록 하였는데, 이종필과 미리 짜고 라임펀드를 구성하여 그 펀드 자금으로 에스모의 자기 지분을 인수하도록 했다. 라임자산운용은 동양네트웍스에서 조달한 225억 원 펀드 자금에 더하여 KB증권이 관리하는 4개 펀드 판매 금융사들과 TRS 계약을 맺고 레버리지 약 800억 원을 추가로 일으킨다. 이 라임펀드 자금으로 이인광이 소유하고 있는 에스모의 루트원 조합 2호 지분만 장외거래(주당 4,908원) 블록딜 형식으로 취득하였는데, 그 이유는 이미 2017년 7

월부터 전기차, 자율주행차, 이차 전지 테마 등 주가조작으로 이미 주가가 급등했기에 이인광은 소위 엑시트(exit)를 위해 자신의 보유 지분을 신속히 현금화시킬 자금이 필요했기 때문이다. 결국, 주가 조작범의 엑시트 자금으로 라임펀드 자금이 쓰인 것이다.

라임펀드에서 에스모에 투자한 사실은 또다시 일반 주식 투자자들에게 호재로 인식되어 주가 상승으로 이어졌다. 2017년 1,000원대였던 주식은 2018년 6월경에는 15,000원대까지 뛰었다. 하지만 이런 주가조작 세력이 스쳐 간 기업은 늘 종말이 예정되어 있다. 거래가 정지되고 얼마 뒤 상장폐지가 되는 수순을 밟는다. 이인광은 이 거래로 수백억 원의 차익을 얻었다. 하지만 동양네트웍스는 라임오렌지 10호 펀드에 투자한 225억 원에 대하여 전액 손실을 보게 되었다.

14 라임사태가 우리에게 남긴 또 다른 의혹들

2019년 하반기, 라임자산운용 펀드의 부실이 내부적으로 인지된 이후 일반 투자자들에 대해서는 환매가 중단되었음에도 정·관계 인사 또는 그 가족·지인 명의 계좌에 대해 선별적·우선적 환매가 이루어졌다는 의혹이 제기되었다.

라임펀드 투자자들에 대해서는 환매해주지 않았는데, 이상하게도 극소수 일부 투자자들에게는 환매가 이루어졌다는 사실이 밝혀졌다.
특히 일반 피해자들에게 존재 사실을 숨겨왔던 몇 개의 펀드 중에서, 테티스 11호의 경우에는 펀드에 대한 상세 조건도 일반 피해자들이 가입한 타 펀드들에 비해서, 파격적인 우대 조건으로 설정된 것으로 나타났다.

[테티스11호와 다른 일반펀드 조건 비교]

비교 항목	테티스11호*	일반펀드(테티스6호)
환매주문 가능일	매일 환매주문 가능	한달에 하루만 환매주문 가능(매월 20일)
환매주문후 고객에게 입금되는 소요 기간	환매신청 후 4일 (김상희 의원 펀드와 유사)	환매신청 후 24일
판매보수율	0.04%	1%
가입자 수	총 7인 (김상희 의원 펀드도 16인) 소수 가입 특징	자본시장법상 최대 가입자 수 49인을 채움.
가입자	라임자산운용 펀드 운용자인 이종필, 라임펀드 사기 공모기업 에스모머터리얼즈, 김부겸 사위 가족 등 6명	일반 가입자들

위 내용을 보면, 김상희 의원과 김부겸 전 총리 사위 가족 등이 가입한 펀드는 일반 투자자들이 가입한 라임펀드와 다른 조건의 펀드였다. 이것은 일종의 '펀드 특혜'인 셈이다.

일반 투자자는 한 달에 한 번만, 그것도 매월 20일로 한정하여 환매 신청을 할 수 있었는데, 이들이 가입한 특혜 펀드는 매일 환매가 가능하였다. 이렇게 좋은 조건의 펀드가 심지어 판매 보수율까지 매우 낮았다. 이것은 특별한 관계가 아니고서는 도저히 설명할 수 없는 일이다.

테티스 11호 가입자인 김부겸 전 총리의 사위인 최 씨는 코스피 상장사인 종합비철금속 제련업체 오너가 3세로, 당시 상무로 이름을 올리고 있었다. 김부겸 전 총리의 딸 김 모(33) 씨와 외손자·외손녀도 함께 지난해 4월 18일 각 3억 원씩 총 12억 원을 가입했다. 다른 1명의 가입자는 이종필 라임자산운용 부사장이었다. 사실상 김부겸 전 총리의 사위 가족만 가입한, '맞춤형 상품'인 셈이다.

테티스 11호 펀드는 그동안 베일에 가려 있던 '비공개 특혜 펀드'다. 펀드 운용자인 이 부사장이 가입해 별도로 관리했다. 테티스 11호 펀드는 환매가 매일 가능했다. 환매 신청 후 4일 만에 고객에게 입금됐다. 가입자가 부담하는 환매수수료, 성과보수는 모두 0%로 설정됐다.

반면 테티스 6호 등 다른 일반 투자자들의 펀드는 매월 20일 하루만 환매할 수 있었다. 환매 신청 후 24일이 지나야만 돈이 입금됐다. 가입 90일 미만 환매 시 이익금의 70%를 환매수수료로 공제했다. 또 연 8% 초과 수익 발생 시 이 중 50%를 성과보수 명목으로 금융사에서 가져갔다. 테티스 11호 펀드는 2019년 4월 18일 총설정액 367억 원으로 설정됐는데, 라임 사태가 불거지기 시작한 2019년 6월 3일부터 환매에 들어가 275억 원이 환매되어 나갔고, 이후 우리은행으로부터 브리지론 (임시방편 자금대출)이 거절되는 등 라임자산운용 내부 경영 상황이 악화하자 같은 해 9월 30일 나머지 92억 원에 대한 환매 청구도 이뤄졌다.

그런데 이때는 김한석 씨와 같은 일반 투자자들이 환매를 요청하면 은행과 증권사는 온갖 이유를 대며 환매를 막고 있었던, 사실상 환매가 중단되었던 시기이다. 이미 이 당시는 소위 '펀드런' 상태가 예견되어 있어 일반 투자자들의 환매를 적극적으로 막고 있었던 것인데, 특혜 펀드에 가입한 사람들은 환매를 통해 손해를 보지 않았던 것이다.

그리고 또 다른 한 사람은 바로 민주당의 김상희 의원이었다. 금융감독원은 검사 결과, 라임자산운용은 2019년 8~9월 환매 중단 직전 부실 펀드 4개에 대해 다른 펀드 자금과 운용사 고유자금을 활용해 일부 투자자에게 투자금 환매를 해준 사실을 확인했다고 밝혔다. 이 중에는 농협중앙회, 상장사 그리고 다선 국회의원(2억 원) 등 유력 투자자가 포함됐다고 했는데, 다선 국회의원은 바로 김상희 의원이었음이 드러났다.

제2장

왜 금융사기를 당하는가?

01 그들이 던져놓은 밑밥에 속는다.

2015년경 이숨투자자문 사건이 터졌다. 유사수신 업체인 이숨투자자문은 강남 테헤란로에서 비싼 빌딩 중 하나인 대로변 빌딩에 화려한 인테리어로 고객들을 유인했다. '매월 2.5%의 이자를 지급하여 주며 원금을 보장한다'라는 말에 속은 3천여 명의 피해자들로부터 약 1,300억 원을 편취하였다. 이들은 사무실에 방문한 피해자들에게 회사에 소속된 100여 명의 트레이더들이 마치 미국 월가의 증권가처럼 세팅한 투명 유리 사무실에서 해외선물 옵션거래를 하는 것을 보여주고, 자신들만의 투자기법이 있다고 고객들을 속였다. 나중에 이 사건 피해자들을 대리하면서 파악한 결과, 그 100여 명의 트레이더는 아무런 증권거래 경험이 없는 아르바이트생들이었다. 이들은 그냥 사람들이 지나다닐 때 컴퓨터 여러 대에 띄워진 HTS(Home trading system) 화면을 보면서 마우스 클릭을 하는 척만 했다.

바지사장과 부대표 역시 아무런 금융 경력이 없는 사람들이었으며, 그 외 실무자들 역시 금융 경력은 전혀 없었다. 심지어 부대표는 이 사건 직전까지 제주도의 한 호텔 벨보이를 하고 있었던 사람이었다.

그렇다면 이렇게 아무런 경력도 없는 사람들이 3,000여 명의 투자자를 모집하고, 1,300억 원을 편취할 수 있었던 이유는 무엇일까? 바로 돌려막기 수법, 소위 '폰지사기' 수법을 통해 처음에는 수익을 꼬박꼬박 지급했기 때문이다.

앞서 이야기한 대로 폰지사기는 1920년대 이탈리아 출신의 금융인 찰스 폰지(Charles Ponzi, 1882~1949)에게서 유래한 것이다. 그는 몬트리올의 한 은행에서 은행원으로 일하면서 은행의 예금 이자가 다른 은행과 달리 파격적으로 높은 점을 이상하게 여겼다. 폰지가 그 이유를 확인해 본 결과 그 이자는 은행의 이자 수익이 아니라 신규 가입자의 예금으로 충당하는 방식으로 지급되고 있었던 것이었다. 결국, 그 은행은 부동산 부실 대출 등으로 경영이 어려워져 끝내 파산하였고, 은행장은 돈을 가지고 멕시코로 도주하였다. 하지만 이후 은행장은 수표 위조 사실 등으로 체포되어 징역 3년 형이 선고되었다. 아마 폰지가 사기 구조에 착안한 데에는 바로, 이 은행에 근무한 경력이 주효했던 것으로 보인다.

폰지는 이때 사기를 치기 위한 수단으로 '국제반신우표권 (IRC)'이라는 우편 회신 쿠폰을 이용하였다. 이 쿠폰은 우편 발송인이 우편을 해외로 발송할 때, 수취인이 그 쿠폰을 이용하여 답신 요금을 면제받을 수 있었다. 이 쿠폰은 만국우편연합에 가입한 국가라면 어디서든 우표로 교환할 수 있었다. 그런데 과거에는 지금과 같은 인터넷망이 발달하지 않은 탓에 같은 우체국 쿠폰이 미국에선 4달러, 이탈리아에선 1달러 하는 식으로 지역에 따라 가격이 크게 달랐다. 폰지는 이 점을 이용하여 통화 스프레드를 중개한다고 피해자들을 모집하였다. 즉, 국내의 돈으로 해외의 우표를 사서 바꾸는 차익거래를 통해 돈을 번다는 것을 그의 투자 전략으로 내세웠다. 그는 은행 근무 시절 배웠던 대로 신규 투자자들에게서 모은 돈으로 기존 투자자들에게 수익을 지급하면서 사업을 점점 확대해 나갔다. 폰지는 90일에 50%의 수익을 약속하면서 투자자들을 계속 모집하였고, 그 신규 투자금으로 기존 투자자들에게 수익을 배분하였다. 이 당시 투자자들은 과연 그 투자기법이 현실적으로 가능한 것인지, 실제 수익을 낼 수 있는 것인지에는 관심이 없었다. 단지 다른 기존 투자자들이 투자 후 수익금을 받았다는 말에만 열광하며 투자를 결정했다.

폰지 역시 애초부터 제대로 된 투자를 할 생각은 없었다. 신규 투자금으로 기존 투자자들의 수익을 지급할 수만 있다면 그뿐이었다. 왜냐하면, 이탈리아에서 산 국제반신우표권을 미국으로 가지고 오더라도 이를 우표로만 바꿀 수 있었을 뿐 돈으로 바꿀 수는 없었기 때문이다. 처음부터 계획된 사기였던 것이었다. 하지만 투자자 그 누구도 이 사업 구조에 의문을 가지지 않았다. 수익이 실제로 자신의 통장에 들어왔다는 경험이 합리적 판단을 마비시킨 것이다.

이 사기 행각이 들통난 것은 바로 1920년 7월 〈보스턴 포스트(Boston Post)〉 지가 대대적으로 폰지의 악행을 고발한 것에서 시작되었다. 폰지가 운영하는 회사가 사실상 자산이 없음을 밝혀낸 것이다. 그가 이 수법으로 모은 투자금이 1,000만 달러에 이르고 1,400만 달러의 수표를 발행했지만, 폰지의 전모가 드러난 다음 밝혀진 바에 따르면 그의 수중에는 20만 달러가 채 남지 않았다고 한다. 투자자들의 높은 수익금을 배분하고 자신의 호화 생활을 누리는 데 모두 탕진하였기 때문이다. 특이한 점은 그가 사기범인 것을 알면서도 그를 숭배하고 따르는 사람들이 상당수 있었다는 점이다.

폰지사기의 끝은 추가로 새로 들어오는 투자자의 수가 줄어들거나 환급을 요구하는 사람들이 발생하면서 시작된다. 더는 신규 투자자의 돈을 받아 기존 투자자의 수익금을 지급하기가 어려워진 시점에 폭탄이 터지는 것이다. 폭탄이 터지고 난 후에도 본인이 사기를 당했다는 사실을 모르는 피해자들로 인해 사기범들에 대한 처벌은 한참이 지나고 나서야 이뤄지게 된다.

스웨덴의 범죄학자이자 심리학자인 베예로트(Nils Bejerot)는 '스톡홀름 증후군(Stockholm syndrome)'이라는 용어를 만들었다. 스톡홀름 증후군이란 공포심으로 인해 극한 상황을 유발한 대상에게 오히려 긍정적인 감정을 가지는 현상을 말하는 범죄 심리학적 용어이다. 이 용어는 강도 인질 사건에서 피해자가 가지는 생존 본능적 감정을 설명하기 위한 것인데, 폰지사기 피해자들의 감정도 유사한 측면이 있다. 사기꾼으로부터 큰 피해를 본 피해자가 자신의 피해를 복구시켜 줄 수 있는 사람은 그 사기꾼밖에 없다고 믿는 심리가 작동하기 때문이다.

내가 피해자들을 대리했던 이숨투자자문 사건도 마찬가지였다. 사기 행각이 드러나고 송창수 대표가 구속된 순간에도 그를 믿고 따르는 자들과 아직 피해 복구가 가능하다고 믿고 송창수를 기다리는 사람들, 심지어 그들을 대리하여 사투를 벌이고 있는 변호사인 나를 저지하려고 하는 사람들까지 있었다. 폰지사기로 수익을 주었던 송창수의 놀라운 투자기법이 실제로 존재했다고 믿고 싶은 사람들, 그리고 송창수가 피해 복구를 위해서 1,000억 원짜리 건물을 담보로 배상하겠다는 거짓말에 또 속아 송창수의 석방을 탄원하는 사람들까지. 금융사기 피해로 심각한 스톡홀름 증후군에 빠지는 이들이 상상을 초월했다.

사기꾼이 던져준 밑밥을 계속 먹던 물고기들은 밑밥이 다 떨어지고 없는데도 그 주변을 떠나지 못한다. 달콤한 월 2.5%의 미끼를 덥석 문 물고기가 자기 주둥이에 낀 낚싯바늘이 가져올 자신의 운명은 모른 채, 밑밥이 또 나올 것이라 막연히 기대하면서 바늘을 빼낼 생각보다는 그냥 물고 있는 것이었다.

02 화려하고 고급스러움으로 당신을 현혹한다.

이숨투자자문 사건이 처음 터지고 나서 피해자들은 대표 등이 도주하여 텅 빈 이숨투자자문 사무실에 모였다. 대한민국에서 임대료가 비싼 지역 중 하나인 역삼역 사거리 대로변에 수백 평의 사무실을 임차한 후, 그곳에 화려한 인테리어와 명품 가구들을 배치하여 외관만 보면 대한민국에서 제일 잘 나가는 자산운용사 같아 보였다. 송창수의 사무실은 마치 아방궁을 연상시킬 정도로 화려했는데, 그가 구속되기 전 이곳에서 얼마나 화려한 삶을 살았는지 짐작게 했다.

대신증권 반포지점에서 개최한 라임펀드 설명회는 한강 세빛둥둥섬에서 이루어졌다. 이곳은 대관료만 2,000만 원에 달하고 식사비는 1인당 최소 8만 원에서 시작하며, 와인 등 주류까지 제공하게 될 경우, 와인 값에 따라 행사비는 기하급수적으로 늘어난다. 또한, 그곳에 수백 명의 고객을 모아 클래식 공연까지 제공했으니 비용은 억 단위가 되었을 것이다. 대신증권은 라임펀드 설명회를 이곳 외에도 임페리얼팰리스 호텔 등 화려한 곳에서 수차례 개최했다.

[2019년 대신증권 반포WM 센터의 라임펀드 설명회]

화려한 행사와 휘황찬란한 인테리어, 값비싼 식사 대접은 금융사기의 전조 증상과도 같은 것이다. 사람도 마찬가지다. 사기꾼 중 잡범들만 보더라도 명품으로 온몸을 치장하거나 고급 외제 차를 끌고 다니는 경우가 많다.

사람들은 이런 화려함에 쉽게 현혹된다. 저 사람의 성공이 나의 성공이 될 수 있다는 착각, 저렇게 성공한 사람이 거짓말을 할 리 없다는 착각을 불러일으킨다. 여기에 당신만을 위한 초대, 당신만을 위한 투자 상품, 당신에게만 주어진 기회라는 등의 달콤한 속삭임이 더해졌다면 사기를 의심하고 얼른 그 자리를 벗어나시라.

03 복잡하고 어려운 용어로 모호하게

나는 자본시장법으로 박사학위를 받았으며, 대한변호사협회에서는 금융 전문 변호사로 인증을 받았다. 그리고 나름 다양한 금융사건을 맡아 처리해왔다. 그런데도 아직 모르는 금융 용어가 수두룩하다. 가령 라임 사건을 처리하면서 'TRS'라는 용어를 처음 접했다. 라임 펀드가 현재 '0(제로)'인 이유가 바로, 이 TRS에 있음은 앞서 설명했다. 그런데도 은행과 증권사는 고객들에게 TRS에 관해 설명한 사실이 없을 뿐 아니라 직원들조차 TRS의 개념에 대해 알지 못했다. 이러한 복잡하고 생소한 금융기법을 고객이 잘 알지 못한다는 점을 이용해 투자자들을 속인 것이다. 은행과 증권사에서 보험이든 금융상품이든 가입한 경험이 있다면 알 것이다. 그 복잡한 절차와 조그만 글씨, 그리고 어려운 용어들, 바로 그 안에 진짜 위험성이 내포되어 있다.

금융 사기범들은 조금 안다(?)는 자존심 센 사람들을 집중적으로 노린다. 그런 사람들은 자신이 잘 모른다는 사실을 숨기기 위해서 어렵고 복잡한 용어를 사용하여 설명하면 질문을 하지 않기 때문이다.

이숨투자자문 사건에서 투자자들을 현혹한 것은 바로 당시에 생소한 '해외선물과 FX마진거래(외환 차액거래)'[37]이다. FX란 외환을 이용한 금융거래 상품(Foreign Exchange)의 줄임말이다. 이 거래는 증거금을 이용해서 선물회사(Futures Dealer Merchant)[38]와 계약당 10만 달러에 해당하는 통화 등으로 표준화된 통화 쌍을 거래하는 것으로, 우리나라에서는 2005년부터 실시해왔다. 이러한 FX마진거래는 제도권 증권사 중에서도 해외선물 및 마진거래를 허가받은 곳에서만 할 수 있다. 따라서 증권사가 아닌 곳에서 이런 거래를 한다면 무조건 불법이다. 그럼에도 불구하고 가정주부, 노인, 은퇴자 등의 고객 중에는 이숨투자자문이 말하는 해외선물 투자기법과 그들이 말

37) 레버리지(지렛대 효과)를 이용한 파생상품이기 때문에 레버리지를 통해 큰 이익을 얻을 수 있는 장점이 있다. 예를 들면, 10:1의 레버리지는 1,000만 원을 통장에 넣고 그걸로 1억 원의 거래를 하는 셈인 것이다. 이때, 환율이 5%가 올랐다고 가정하면 원래 1,000만 원 원금에 50만 원 수익이 생기게 되지만, 1억 원의 거래를 한 셈이므로 5% 오르면 500만 원 수익이 나는 것이기 때문에 원금 1,000만 원을 기준으로 하면 50% 수익을 올린 셈이 된다. 반면, 1,000만 원 증거금을 은행에 넣고 10:1 레버리지로 1억 원짜리 거래를 하고 있었는데, 이때 환율이 내가 걸어둔 방향의 반대 방향으로 5% 움직이게 되면(예: 환율 하락에 걸었는데 예상과 반대로 5% 상승) 1억 원짜리에서 변동액은 500만 원이 되어 내가 걸어둔 증거금의 절반을 손해 본 것이다. 이때 FX 거래는 선물처럼 마진콜을 통해 정산을 요구하거나, 바로 계약을 청산시켜서 500만 원 손실을 무조건 정산시켜 버린다. 결국 50%의 손실을 본 것이다.

38) 선물회사는 주로 금리, 통화, 상품 등 다양한 기초자산의 미래 가격 변동에 투자하는 파생상품(선물, 옵션) 거래를 중개하거나 자기매매, 투자자문 등을 통해 수익을 얻는 금융회사로, 과거에는 증권사와 분리되었으나 자본시장법 이후 증권사들도 겸업하면서 경쟁이 심화되어 현재 국내에는 소수의 전문 선물회사(삼성선물, NH선물, 유진투자선물 등)만 남았으며, 투자자들에게 전문적인 선물·옵션 거래 서비스를 제공한다.

하는 FX마진거래를 통한 수익률이 실현될 것이라 믿고, 작게는 천만 원에서부터 수십억 단위에 이르기까지 거액을 투자한 사람들이 많았다. 특이한 점은 꼼꼼하고 나름 금융 지식이 있다는 사람들일수록 거액을 투자했다는 점이다. 잘못된 확신과 자존심이 센 사람일수록 과감하게 지갑을 연 것이다.

고객 중에서 과연 2013년, 2014년 당시에 해외선물과 FX마진거래를 아는 사람이 얼마나 있었을까? 지금은 많은 증권사에서 이를 취급하지만, 그 당시만 해도 수많은 증권사 중에서 1~2개 정도의 증권사에서만 이 거래를 할 수 있었다.

이숨투자자문의 운영진들조차 실제 해외선물이나 FX마진거래를 제대로 아는 사람은 없었다. 이들은 해외선물 사이트와 유사한 사이트를 만들어 고객들에게 조작된 화면을 보여주며 수익이 창출되고 있는 듯한 모습을 연출했다. 그리고 3,000여 명의 투자자 중 그것이 가짜라고 생각하는 사람은 단 한 사람도 없었다.

어느 날, 어떤 사람이 우리 로펌 사무실을 방문했다. 상담 내용은 바로 '가상화폐'에 관한 것이었다. 자신이 직접 발행하여 성장시킬 거창한 계획을 세우고 있었고, 그는 내게 1시간이 넘게 자신이 발행하려는 가상화폐에 대하여 설명하였다. 그리고 이를 발행하여 수조 원의 돈을 벌 계획과 투자자 모집 계획이 매우 구체적이고 상세하게 담긴 수백 페이지 분량의 자료집과 기획서를 내게 보여주었다.

1시간 넘게 그의 설명을 들은 후, 나는 그의 계획이 실현 불가능하며 투자자를 모집하는 것은 유사수신행위 및 사기죄가 될 수 있다는 점을 명확히 설명해 주었다. 그는 내게 매우 실망한 듯한 표정으로 "전문가라고 들어서 찾아왔는데, 가상화폐를 전혀 모르는 변호사시군요."라며 나를 인신공격하기 시작했다. 나는 인신공격에 아랑곳하지 않고 그에게 단호히 다시 정리해준 후 상담료를 받고 돌려보냈다. 아마 그 사람은 다른 변호사를 찾아갔을 것이고, 자신을 정당화할 사람 한 사람만 찾으면 그를 등에 업고 사기를 시도했을 것이다.

나는 업비트라는 국내 최대 가상화폐 거래소의 자문을 하면서 상장된 각 가상화폐의 증권성 여부 등에 대한 법리적 검토를 해왔기에, 가상화폐에 대한 법률적 지식에 있어서 적어도 상담을 온 그분보다는 다양한 지식을 갖고 있었다. 이를 알지 못하는 그분은 가상화폐의 복잡함과 어려움을 이용하여 나를 상대로도 사기 행각을 벌이려 했던 것이다. 변호사인 나에게도 이렇게 하는데, 다른 사람들에게는 얼마나 더 대담하게 사기를 치려고 하겠는가. 지금도 전 세계적으로 가상화폐 발행을 한다는 명목으로 다양한 사기 행각이 벌어지고 있다. 하지만 이들의 방식은 한결같다.

04 지속적으로 고수익을 내왔다는 매혹적인 미끼

진정한 투자 전문가는 손실을 숨기지 않는다. 글로벌 금융시장의 변화를 정확히 읽는다고 해도 러시아와 우크라이나의 전쟁이나 자연적 천재지변을 예측할 수 있는 사람은 없을 것이다. 그런데 어떤 상황에서도 매년 연 10%의 수익률을 내고 있다고 말하는 사람이 있다면 일단 사기꾼인지 의심해 봐야 한다. 진정한 전문가는 어느 시점에는 고수익을 내고, 어느 때는 손실을 보기도 하며, 어느 종목에서는 큰 이익을 얻고, 어떤 투자 대상에서는 손실을 보기도 한다. 다만 객관적인 근거에 따라 위험을 최소화하고 수익을 극대화하는 기술을 습득한 것이다.

그러나 사기꾼은 매년 수익률을 낼 수 있다. 앞에서 라임펀드의 예를 든 것처럼 라임 A 펀드 돈을 K 기업에 투자하고, K 기업이 부실화되어도 그 기업의 CB를 라임 B 펀드로 고가에 매수하여 손실을 숨기면 매년 수익이 나고 있기 때문이다. 돌려막기가 계속되는 한 펀드의 부실만 숨기면 라임펀드는 계속 고수익 실현 상태가 되는 것이다. 이러한 지속적인 고수익은 라임펀드의 강력한 셀링 포인트가 되었다. 은행과 증권사는 꾸준한 고수익을 내온 성과를 고객들에게 들이밀며 투자를 권유했다.

이것이 금융사기의 기본 징후이다. 어떤 상황에서도 손실이 나지 않는 과거 레퍼런스가 있다면, 그것은 사기의 징조이지 여러분에게 고수익을 내줄 수 있는 근거가 될 수 없다는 것을 명심해야 한다. 마치 100% 승소하는 변호사는 존재할 수 없는 것과 같다.

투자란 이익만을 취하는 것이 아니라 손실도 감수한다는 것을 전제로 한다. 사기꾼을 제외한 모든 투자자는 손실을 경험하고, 손실이 난 레퍼런스를 가지고 있으며, 진정한 전문가들은 자신의 과거 손실 실적을 숨기지 않는다. 최고의 투자 전문가인 소프트뱅크의 손정의 역시 최근에 FTX 가상화폐 거래소에 투자하였으나 FTX 파산으로 약 1억 달러(당시 환율로 약 1,323억 원) 상당의 손실을 보았다고 한다. 그러나 손정의는 그 손실을 숨기지 않는다.

그 때문에 지속적이고 안정적으로 수익을 내왔다는 설명은 일단 의심하고 봐야 한다. 세계적인 투자자들이 하지 못하는 일을 국내 금융회사가 하고 있고, 그걸 다른 사람도 아닌 당신에게 추천하려 한다면 그 이유가 무엇일지 한번 생각해 보라.

05 유명인이 투자했다는 말. 지인이 수익을 봤다는 말. 그 말들이 당신의 판단력을 흐리게 한다.

실제사례 1) 어느 은행 창구이다. 은행직원이 고객 A에게 유명 배우 XXX이 투자한 펀드라면서 펀드 가입을 권유한다. 고객 A는 자신도 뭔가 특별한 사람이 된 듯하다. 은행직원은 특별 VIP 고객들에게만 추천하는 것이라며 고객 A가 VIP 고객으로 선정되어 특혜를 받는 것처럼 설명한다. 고객 A는 자신도 유명 배우와 같은 대우를 받는 것 같아 왠지 뿌듯하다. 결국, 펀드 상품의 자세한 내용을 듣기도 전에 가입을 결정하고 10억 원을 직원이 권유하는 펀드에 가입한다. 하지만 얼마 뒤 환매가 연기되었다면서 만기에 투자금을 회수할 수 없고, 언제 환매가 가능할지도 알 수 없다는 답변을 받았다.

실제사례 2) B는 꼼꼼한 성격 탓에 지금까지 번 돈을 착실하게 모아 안전한 투자처에만 고집스럽게 투자해 재테크의 달인으로 불리는 친구가 최근 좋은 펀드에 투자한 후 상당한 수익을 올리고 있다는 말을 들었다. 그 친구는 B에게 자신이 다 확인해 봤는데, 제1금융권에서 판매하는 펀드이고 안전자산에 투자하는 것일 뿐 아니라 확정금리로 이자를 주는 정말 좋은 펀드라고 강조한다. B는 최근 자신이 살던 집의 전세금을 반환받고 이사를 준비 중인데, 한 6개월 정도는 그 자금을 투자해서 수익을 올리면 좋을 것 같다고 생각하게 되었다. 친구가 소개해 준 증권사 PB는 그 펀드가 너무 좋은 상품이라 조기 소진되는데, 그 친구분 소개라 자기가 특별히 B가 펀드 가입을 할 수 있도록 해주겠다고 한다. B는 그 펀드가 구체적으로 어떤 펀드인지는 알지도 못한 채 친구가 워낙 꼼꼼하게 투자하는 사람이니 그 친구를 믿고 투자를 결심하고, 그 자리에서 10억 원을 투자했다. 그러나 그 펀드는 얼마 후 환매 중단되었고, 졸지에 전세자금이 날아간 B는 월세를 전전하고 있다.

우리는 투자할 때 투자 상품이 어떤 것인지를 분석하여 어떤 위험성이 있는지를 판단하여야 한다. 그런데 유명인이 또는 내 친한 지인이 그 상품에 투자했다고 하면 판단이 흐려지는 경우가 많다. 자신의 판단을 믿지 못하니 다른 사람의 판단을 믿는 것이다. 금융 사기꾼들은 이를 노린다. 실제로 다단계 금융사기 설명회를 가보면, 유명인들을 내세운다. 심지어 유명인을 바지사장으로 내세우기도 하고, 판사나 검사 출신 변호사, 금융 전문 회계사를 설명회에 등장시키기도 한다. 논리학적으로는 권위에 호소하는 오류를 범하는 것이지만 많은 사람은 믿고 싶은 것을 믿고 친숙함에 기대는 경향이 있다.

사회과학의 대전제와 달리 현실에서의 인간은 합리적인 동물이 아니라 합리화하는 동물이기 때문이다.

2천억 원대 가상화폐 다단계 사기 사건을 수사 중인 검찰이 채굴기 운영을 대행한 미국 업체 임직원과 최상위 투자자들을 무더기로 재판에 넘겼다. 이들 중에는 1990년대 초반 '오늘 같은 밤이면' 등의 노래로 큰 인기를 끈 가수 박정운(55) 씨도 포함됐다.

인천지검 외사부(최호영 부장검사)는 사기 및 방문판매 등에 관한 법률 위반 등의 혐의로 채굴기 운영 대행 미국 업체 '마이닝맥스'의 계열사 임직원 7명과 최상위 투자자 11명을 구속기소 했다고 20일 밝혔다.

(인천=연합뉴스) 손현규 기자 2017년 12월 20일 자 기사 "2천억대 가상화폐 사기 적발…가수 박정운도 가담"

06 지금 당장 투자하지 않으면 안 될 것 같은 펀드를 특히 조심하라.

사모펀드는 자본시장법상 49인 이하의 제한이 존재한다. 사모펀드를 판매하는 증권사 직원들은 이를 이용해 고객들을 대상으로 그 49인에 못 들어가면 좋은 기회를 놓치는 것처럼 말하곤 한다. 그리고 마치 자신이 당신만을 위해 우선하여 가입할 기회를 제공하는 것처럼 생색을 내기도 한다. 그러나 이는 사모펀드의 위험성 때문에 공모펀드와 달리 투자자의 자격과 인원수를 제한한 것이지 투자 기회와 무관하다. 실제로는 49인이 모집되면 다시 49인을 새로 모집하여 펀드를 또 판매하게 된다. 어차피 금융기관 처지에서는 많이 팔면 많이 팔수록 이득이기 때문에 당신이 기회를 놓칠 일은 절대 없다.

이숨투자자문 금융사기 사건에서 투자자들은 아무런 금융 지식이 없는 사기꾼 송창수의 말이 사실인지 판단할 생각을 하지 못했다. 그 이유 중 하나가 PB 역할을 하는 브로커들이 사람들을 현혹하려 '송창수 대표님이 이제 투자금을 그만 받으라고 하셨다'라면서 마치 투자 기회를 놓친 것 같은 상실감을 안겨주었기 때문이다. 이를 경험한 투자자들은 처음에 3,000만 원만 투자해야겠다고 생각했다가 다시 기회가 오게 되면 투자금을 1억 원으로 높였다. 이는 금융 사기꾼들의 전형적인 수법이다. 어려운 프로세스를 통과한 소수만이 투자할 수 있는 것처럼 속여 당신의 조급함을 사기의 도구로 삼는 것이다.

'포모증후군(FOMO Syndrome)'이라는 것이 있다. 자신만 흐름을 놓치고 있는 것 같은 심각한 두려움 또는 세상의 흐름에 자신만 제외되고 있다는 공포를 나타내는 일종의 고립 공포증을 말하는데, 여기서 포모(FOMO)란 'Fear Of Missing Out'의 약자이다. 이러한 현상은 마케팅 기법으로도 종종 활용되는데, 제품의 공급량을 줄여 소비자의 조급함을 끌어내는 것이다. 홈쇼핑에서 '매진 임박', '한정 수량'이라면서 우리의 손가락을 움직이게 하는 것이 바로 포모 마케팅의 한 예이다. 하지만 우리가 늘 경험하듯이 홈쇼핑에서 매진이 임박하다고 하던 그 상품들은 오늘도 여전히 판매되고 있다. 심지어 그때보다 더 저렴하게 판매되는 경우도 많다.

금융사기도 바로 이런 포모증후군을 이용한다. 지금 투자하지 않으면 이 좋은 기회가 다시 오지 않을 것 같은 두려움을 심어주고 투자자의 판단력을 잃게 만든다. 홈쇼핑에서 구매한 상품은 사용이라도 할 수 있지만, 금융사기를 당하면 당신에게는 아무것도 남지 않는다. 홈쇼핑에서 물건 살 때 쓸 수 있는 돈의 수백 배에서 수만 배에 이르는 돈이 흔적도 없이 사라진다.

당신이 투자 기회를 잃을까 조급하게 만들고, 어떤 선택받은 사람만이 투자할 수 있는 것처럼 설명하는 펀드 등은 일단 무조건 피하는 것이 좋다. 이는 비단 금융투자 상품뿐만이 아니다. 누군가 내게 엄청난 투자 기회를 준다고 말하는 것 역시 무조건 피해야 한다. 그런 엄청난 투자 기회를 당신에게만 줄 이유가 없다는 것을 명심하자.

07 은행과 증권사의 설명을 무조건 신뢰해서는 안 된다.

은행이나 증권사에서 설명하는 말을 의심하기는 쉽지 않다. 고객이 수수료를 내는 것은 은행이나 증권사가 우리가 잘 모르는 금융상품에 대해 객관적으로 설명을 해주고, 투자 위험성을 분석하여 투자 결정을 내리는 데 합리적인 판단을 할 수 있도록 해주기 때문이다. 또한, 은행은 고객의 돈을 보호하고 지켜주는 곳이라고 학습된 인식이 오래도록 자리 잡아 왔다.

이렇게 금융기관에 대한 무의식적 신뢰가 투자자의 판단을 흐리게 만든다.

미국에는 '간판 이론(Shingle Theory)'이라는 것이 있다. 간판 이론이란 증권업자의 성실·공정 의무에 대한 기초 법리로, 증권업자 등이 증권업자로서의 간판을 내걸 때는 고객에게 공정하고 성실하게 업무를 수행하겠다는 것을 묵시적으로 표시한 것으로 보는 이론이다. 쉽게 말하면 금융기관이 간판을 내걸고 금융상품을 판매할 때는 고객들이 그 간판을 신뢰하여 투자 결정을 내리기 때문에, 증권업자와 같은 금융기관이 투자 권유를 하는 경우 권유 내용에 대한 합리적인 근거가 있어야 하고, 그 전제로서 권유 증권에 대해 합리적인 조사를 하여야 한다는 것이다.

미국에서는 이런 이유로 증권의 전문가로서 간판을 내걸고 고객에게 자문하는 증권업자가 이해관계의 충돌 가능성, 고객의 투자 결정에 필요한 중요한 사실을 완전히 공시하지 아니한 채 고객과 거래하는 때에는 1933년에 제정된 증권법과 1934년에 제정된 증권거래법상의 사기 금지 규정을 위반한 것으로 본다. 그런데 이미 금융사기를 당한 이후에 이러한 문제를 제기하는 것은 소 잃고 외양간 고치기와 같다. 소를 잃기 전에 미리 사기 피해를 방지하는 것이 중요하다.

'옵티머스 펀드' 사태를 살펴보자.

옵티머스 사건은 정치인 로비부터 시작해서 다양한 불법적 수단이 동원된 금융사기 종합선물세트와 같은 사건이다. 자산운용사(옵티머스자산운용)가 펀드의 설정 및 운용을 정한 후 수탁기관(하나은행)과 수탁계약을 체결하고, 판매사(NH투자증권 등)인 증권사들과 다시 위탁판매계약을 체결하였으며, 판매사인 NH투자증권은 옵티머스 펀드를 대대적으로 홍보하여 판매하였다.

그런데 이 증권사에서 고객들에게 설명한 펀드의 투자 대상은 정부 산하기관과 공공기관이 발주한 공사의 시공사들이 공공기관 등에 가지는 기성 공사대금채권(이하 '공공기관 매출채권')이었다. 고객들은 공공기관의 채권이라면 부도가 날 위험도 없으니 안전하다는 증권사의 설명을 믿을 수밖에 없었다.

문제는 공공기관의 채권은 원칙적으로 타인에게 양도하거나 담보로 제공하는 것이 불가능하다는 점이었다. 즉, 옵티머스 펀드가 공공기관 매출채권에 투자하는 것 자체가 불가능하다는 것이다. 상식적으로 확실한 지급이 보장되는 공공기관 채권을 누가 양도하겠으며, 공공기관에서 자신들의 채권을 누군가에게 양도해줄 이유가 대체 어디 있겠는가. NH투자증권은 간판을 내걸고 고객들에게 전문성을 표방하면서 투자 상품을 권유하는 금융기관이다. 그런 금융기관이 공공기관 채권에 펀드가 투자한다는 것이 얼마나 허무맹랑한 이야기인지는 쉽게 알 수 있었을 것이다. NH투자증권이 아닌 비금융기관에서 공공기관 매출채권 투자를 권유했다면 고객들도 의심했을 것이다. 고객들은 NH투자증권이라는 간판을 믿고 투자를 감행한 것이다.

옵티머스자산운용이 작성한 투자제안서에는 '투자 포트폴리오의 80~95% 이상을 공공기관 매출채권에 투자한다'라고 작성되어 있었으며, 매출채권을 '직접 인수'[39] 또는 '간접 인수'[40]한다고 기재되어 있었다. 판매사인 NH투자증권은 위 투자제안서를 제시하는 등의 방법으로 투자자들에게 옵티머스 펀드를 소개하였다. 그러나 옵티머스 펀드 자금은 공공기관 확정 매출채권에 실제 전혀 투자된 바 없었고, 옵티머스자산운용 관계자 등이 관리하는 SPC의 사모사채에 투자되었다.[41] 전부 거짓말이었다. 이것은 명백한 사기다.

SPC 등이 수령한 투자금은 옵티머스자산운용 관계자 등의 부동산 개발사업 투자, 부실채권 인수, 상장회사 인수, 개인 선물옵션 투자, 선순위 투자자들의 펀드 만기 상환(이른바 '펀드 돌려막기') 등에 불법적으로 사용되었다. 심지어 사무관리자인 예탁결제원에 이 사건 매출채권 펀드 자금으로 매입한 채권명을 공공기관 매출채권으로 오인할 수 있는 이름으로 등록해 달라고 요청하였고, 실제로 위 요청에 따라 채권명이 등록되었다. 이에 판매사나 수탁기관이 펀드 자산 명세를 요청하면 위와 같은 채권명이 기재된 자산 명세서를 출력하여 보냈기 때문에 옵티머스펀드는 그 이후에도 계속 팔려나갔다. 그뿐만 아니라 이들은 매출채권 서류 등을 위조하는 등 존재하지 않는 매출채권을 매입한 것처럼 가장하기까지 하였다.

---

39) 매출채권 원보유사에서 직접 매출채권을 인수하는 방법을 의미함.

40) 매출채권 원보유사의 관계회사나 자회사를 통해 사모사채를 인수하는 방법을 의미함.

41) 편입 자산의 98%가 비상장 기업이 발행한 사모사채에 투자되었다.

이 모든 것들은 공공기관 매출채권에 투자하는 펀드 상품이 나올 수 없다는 것을 알 수밖에 없는 증권사가 펀드를 판매하지 않았으면 벌어지지 않았거나, 적어도 피해를 최소화할 수 있었을 일이다. 그러므로 이는 단순히 증권사의 상품 조사 미흡의 문제가 아니라 고의적이고 적극적인 가담을 충분히 의심해 볼 수 있는 사안이다.

옵티머스 대표이사 김재현은 징역 40년의 형이 확정되었고, 수 개의 SPC의 대표이사로 재직하며 이 사건에 가담한 이동열은 징역 20년의 형이 확정되었다. 옵티머스자산운용 사내이사로 재직한 윤석호 변호사는 이들이 세운 SPC가 진행하는 각종 부동산 개발사업 관련 계약서, 의견서 작성 등의 업무를 담당하면서 이 사건에 가담하였는데, 그 역시 징역 15년의 형이 확정되었다.

그러나 이를 판매한 NH투자증권 및 관계자들에 대한 처벌은 요원하다.

제3장

금융사기를 피하는 10계명

01 원금이 보장되는 고수익 상품은 없다.

투자는 저축이 아니다. 원금이 보장되는 것은 예금뿐이고, 그것도 법적으로는 5,000만 원 한도 내에서만 보장된다. 원금보장형 펀드라는 것도 있는데, 원금의 100%까지 손실이 가능한 일반 공모형 펀드와 달리 원금의 일부에서 최대 원금 전액까지 보장해 주는 상품이다. 이는 원금보장이라는 특성 때문에 기관 투자가, 거액 자산가뿐 아니라 개인도 투자할 수 있다. 그러나 이것도 원금을 보장하는 주체인 자산운용사나 증권사가 파산하면 아무 소용이 없다. 대형 증권사가 파산하는 경우는 쉽게 상정할 수 없지만, 증권사도 충분히 파산할 수 있으며 증권사보다 보유 자금이나 자본금이 매우 적은 자산운용사는 말할 것도 없다. 대한민국에서 가장 큰 규모를 자랑하던 라임자산운용이 파산하는 예만 봐도 자산운용사가 파산에 얼마나 취약한지에 대해 유의할 필요가 있다.

무등록 업체가 원금보장을 강조하면 100% 유사수신 행위라 보면 된다. 그들은 아무런 원금보장 장치가 없기 때문이다. 이들은 원금을 보장한다는 계약서를 주고, 심지어 공증까지 하여 공증 서류를 교부해 주기도 하지만, 아무런 자력이 없는 사람이나 회사가 해준 공증은 휴지 조각에 불과하다. 그런데도 사람들은 공증을 해줬다는 이유 하나만으로 원금이 보장된다고 믿는다. 이숨투자자문 사건이 그러했다. 사람들은 원금을 보장할 능력과 상품의 구조를 보는 것이 아니라, 사기꾼의 입에서 나오는 믿고 싶은 말들을 믿는 것이다.

우리는 크게 두 가지 중 하나를 선택해야 한다. 예상되는 수익은 작아도 원금이 보장되는 수준의 안정성을 추구하는 것인지, 아니면 원금 손실의 위험을 충분히 감내하고서라도 고수익을 추구할 것인지를 결정하여야 한다. 원금이 보장되는 투자 상품이란 존재하지 않는다. 투자를 결정할 때는 원금이 손실될 수 있다는 전제하에서 수익률을 판단해서 진행해야 한다. 원금이 보장되고 높은 수익까지 안겨주는 상품을 찾는 순간, 이미 당신은 사기 피해자가 될 상태에 빠진 것이다.

02 상품설명서에 기재된 원금 손실 가능성을 여러 전문가로부터 판단 받자

확신의 덫에 빠지면 금융 사기꾼의 먹잇감이 된다.

상품설명서나 투자설명서의 내용 역시 문구 그대로 믿을 수 있는 것은 아니다. 하지만 일단 그 문구에 적힌 내용이 사실이라는 전제하에서 그 설명서의 내용을 충분히 이해하고 숙지한 후에 투자 결정을 내려야 한다.

내가 맡은 사건의 의뢰인 중 어떤 분은 오랜 투자 경험을 가지고 지금까지 꽤 괜찮은 수익을 올려오셨다. 그분은 나름대로 투자 지식을 가지고 투자 전략을 짜 꼼꼼히 투자해온 분이셨다. 그런데 펀드 설명서에 기재된 내용 중 수익과 관련된 부분만 제대로 읽고 나머지 손실 가능성 및 위험성 부분을 제대로 검사하지 못했다. 그런데도 자신의 과거 투자 경험이 주는 확신의 덫에 빠져 다른 전문가의 조언이나 추가적인 검증 절차를 거치지 않고 과감히 수십억 원을 투자하였다. 현재는 전액 손실이 나 내가 그 사건의 소송을 진행 중이다.

파생상품의 복잡한 구조는 비전문가가 쉽게 이해하기 어렵다. 복잡한 상품일수록 반드시 다른 전문가들의 조언을 듣는 것이 필요하다. 앞서 언급한 적이 있는 미국의 유명한 금융 사기꾼 버니 메이도프의 예를 들어보겠다. 메이도프는 어려운 금융 용어를 이용하여 투자자들을 현혹하였고, 투자자들은 이를 다른 전문가들을 통해 검증하려 하지 않았다. 심지어 기관들도 그의 말을 검증하지 않으려 했다는 것으로 미루어 보아, 자신이 잘 모른다는 것을 드러내고 싶지 않은 성향도 한몫한 것으로 생각된다. 메이도프는 '분할태환방식(Split Strike Conversion)'을 자기의 투자기법이라 말하면서 투자자들을 현혹하였는데, 이는 콜옵션과 풋옵션을 통해 주가의 변동 범위를 줄이는 금융기법이다.

예를 들면, '토마토' 주식을 1,000달러에 매수하면서 동시에 이 회사 주식의 콜옵션[42]을 행사 가격 1,100달러로 매도한다. 그러면 위험은 어떻게 헤지(hedge)[43]할까? 바로 콜옵션에 매도한 수익으로

---

42) 콜옵션(Call Option)은 옵션거래에서 특정한 기초자산을 만기일이나 만기일 이전에 미리 정한 행사 가격으로 살 수 있는 권리를 말한다. 콜옵션을 매입한 사람은 옵션의 만기 내에 약정한 가격(행사 가격)으로 해당 기초자산을 구매할 수 있는 권리를 갖게 되고, 콜옵션을 매도한 사람은 매입자에게 기초자산을 인도해야 할 의무를 갖는다.

43) '헤지하다(Hedge)'는 투자나 자산운용 시 발생할 수 있는 위험(Risk)을 줄이거나 상쇄하기 위해 반대 포지션을 취하는 행위로, '울타리'처럼 자산을 보호하는 개념이며, 선물·옵션 같은 파생상품을 이용해 가격 변동(환율, 금리 등) 위험을 막는 금융기법을 말한다. 쉽게 말해 '위험을 헤지한다'라는 것은 손실 가능성을 줄이는 대비책을 세우는 것을 의미한다.

이 회사의 풋옵션을 900달러에 매수해두는 것이다. 갑작스러운 하락에 대비하여 설사 토마토 주식의 가격이 500달러로 폭락하였더라도 풋옵션[44]을 행사하여 900달러를 보전받을 수 있기 때문이다. 이렇게 +10%, -10%의 구간 내에서 안정적 수익을 올린다는 것이다. 그러나 메이도프는 거래 비용과 수수료 등을 제외하고 세금까지 공제하고 나면 실제 수익률은 10% 미만이 될 수밖에 없음이 명백하고, 특히 이 거래 방식은 큰 손실을 막을 수 있지만 큰 이익도 얻을 수 없어서, 메이도프의 이 금융기법으로는 연 10%의 확정 수익을 투자자들에게 지급할 수 없었다. 물론 메이도프의 분할태환방식은 그냥 투자자들을 현혹하기 위한 일종의 사기 수법이었을 뿐이었다. 이는 전문가들이 조금만 자세히 들여다봤어도 이상하다는 걸 알 수 있었을 것이다. 하지만 많은 이들이, 심지어 전문가라 하는 사람들조차 이를 자세히 들여다보거나 검증하려 들지 않았다. 모두가 확신의 덫에 빠져버린 것이다.

우리나라의 비슷한 사례로 위너스 닛케이 알파 전문투자형 사모펀드가 대표적이다.

이 펀드 상품은 위너스 자산운용이 일본 닛케이225지수 옵션거래를 통해 수익을 내겠다고 옵션거래 투자 구조를 만들어 KB증권에서

44) 풋옵션(Put Option)은 옵션거래에서 특정한 기초자산을 장래의 특정 시기에 미리 정한 가격으로 팔 수 있는 권리를 매매하는 계약을 말한다. 콜옵션과 상반된 개념으로, 특정한 기초자산을 미리 정한 가격으로 장래의 특정 시점 또는 그 이전에 팔 수 있는 권리를 매매하는 계약이다.

판매한 상품이다. 그러나 2020년 3월경, 이 펀드는 800억 원에 달하는 손실을 내고, 투자자들에게 투자금 환매를 중단하였다. 이 펀드 역시 옵션거래를 통해 투자 수익을 극대화하면서 반대로 투자 손실의 위험을 헤지(hedge)하겠다고 한 점에서 메이도프의 분할태환방식과 유사한 구조로 되어있다.

위너스자산운용(주)
WINNERS
WINNERS Stable Growth & Valuable Wealth

안내문

안녕하십니까
항상 저희 **위너스자산운용(주)**을 이용해 주셔서 진심으로 감사합니다.

당사는 2020년 2월 28일 당사가 운용중인 Nikkei지수 옵션 관련 일임투자상품, Nikkei옵션 펀드 상품과 관련한 이슈가 발생하였습니다. 이에 대해 당사는 법률대리인을 통한 법적대응을 진행할 예정입니다. 다만, Nikkei옵션운용 이외의 당사 여타 상품 운용은 아무 지장없이 이루어질 것임을 알려드립니다.
심려를 끼쳐드려 송구스러운 마음을 금할 길 없으며, 이슈의 조속한 마무리에 최선을 다하겠습니다.

감사합니다.

[위너스 자산운용의 펀드 안내문]

위너스 자산운용은 버나드 메이도프처럼 롱숏 전략(Long-Short Strategy)을 동시에 구사한다고 하면서 투자자들에게 위험성을 최소화하였다고 설명했다. 롱숏 전략이란 주식운용 시, 주가가 오를 것으로 예상하는 주식은 사고(Long 포지션), 주가가 내

릴 것으로 예상하는 주식은 미리 빌려서 팔아(Short 포지션) 수익을 내면서도 위험성을 최소화한다는 것으로, 앞서 설명한 분할태환방식과 비슷한 전략이다. 위너스 자산운용의 펀드는 바로 이런 롱숏 전략을 통해 수익 구조를 추구하는 이른바 롱숏펀드를 표방했다.

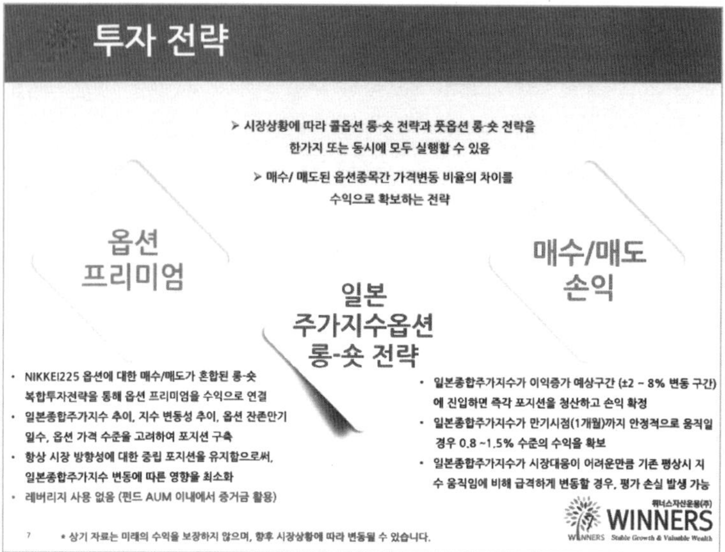

[위너스 자산운용의 니케이 알파 전문투자형 사모펀드 설명서 중 한 페이지]

금융 전문 변호사인 나조차도 설명서의 내용을 천천히 읽고 분석하지 않는 한 잘 알기 어려운 내용을 투자자들은 그 짧은 시간 내에 설명을 듣고 정확히 이해해서 투자를 결정했을지 의문이다. 지금도 이 펀드가 어쩌다 800억 원 이상의 손실을 내게 되었는지 그 이유에 대해서 정확히 알고 있는 투자자가 과연 몇이나 될까?

상품 구조가 복잡하고 어려운 내용일수록 반드시 다른 전문가에게 조언을 구하고, 투자자 스스로가 상품 구조를 명확히 이해한 후에 투자를 결정해야 한다. 특히 원금 손실 가능성에 대한 설명은 당신에게 펀드를 파는 은행이나 증권사가 아닌 반드시 다른 전문가를 통해 확인하는 것이 필요하다.

투자의 실패를 줄여주는 것은 확신이 아니라 끊임없는 의심이다.

03 투자 결정은 거북이처럼 느리게, 투자금 회수 결정은 토끼처럼 빠르게

얼마 남지 않은 기회로 여러분을 조급하게 만드는 것이 사기 수법 중 하나임은 앞에서 언급한 바 있다. 금방 조기 마감된다는 PB의 설명은 펀드에 대한 철저한 분석의 기회를 빼앗는다. 메이도프 역시 자신의 자산운용 서비스를 일반 투자자들에게는 공개하지 않는다고 하면서 신규 가입 시, 기존 고객이나 믿을 만한 사람으로부터 추천받아야만 투자의 기회가 제공되는 것처럼 속였다. 그리고 이를 철저히 비밀로 해달라고 고객들에게 당부하였다. 기존 고객들은 자신들이 어려운 투자 기회를 얻는 일종의 투자 관문을 통과한 것에 안도하였다. 정작 본인들이 금융사기의 덫에 빠진 것도 모른 채.

라임펀드 사태 역시 이러한 기법이 동원되었다. 연 8%짜리 고수익 펀드가 곧 마감된다는 두려움을 심어주고, 라임펀드에 투자한 기회를 얻은 것이 정말 행운이라는 느낌을 주었다. 항상 판매회사의 직원들은 고객들에게 지금 가입을 결정하여야 한다고 재촉한다. '고민하시는 순간 다른 사람이 이 펀드에 가입하면 고객님께서는 펀드 가입을 하실 수 없고, 언제 그 펀드가 다시 열릴지 알 수 없다'라는 말로 당신을 불안하게 만들 것이다.

펀드 상품은 수천 개가 존재한다. 당신이 충분히 고민하고 투자해도 얼마든지 좋은 상품에 투자를 결정하고 펀드를 매수할 수 있다. 강남 테헤란로에 즐비한 유사수신 업체나 다단계 업체의 전문 금융 사기꾼일수록 고객들에게 불안감을 조성하며 투자를 재촉하는데, 지금 당장 가입하거나 투자 결정을 해야 한다는 권유의 강도가 세면 셀수록 금융사기의 확률은 비례적으로 높아진다는 것을 명심하자. 지금 당장 가입하지 않으면 안 되는 펀드란 없다.

투자 수익을 신속하게 회수하는 것도 중요하다. 돌려막기 피해 대부분은 고수익의 이자나 수익을 받으면서 그와 같은 고수익이 앞으로도 지속할 것이라는 사람들의 착각과 착오에 기인한다. 만기가 되어 회수할 수 있음에도 그 고수익이 현실로 이루어진 것을 경험하는 순간 환급하기보다는 투자금을 늘리는 경향이 많다. 예를 들면, 처음에는 3,000만 원을 투자하고 월 2%의 수익을 꾸준히 6개월간 받은 사람은 만기가 되면 원금을 회수하지 않고 그 3,000만 원에 다시 3,000만 원을 대출받은 후 이를 더하여 6,000만 원을 투자한다. 원금이 보장되는 상황에서 월 2%의 수익이 이렇게 계속 나온다면 연 5%의 대출을 받아 투자하더라도 매월 남는 장사라는 생각이 들기 때문이다. 그러나 이 투자자는 두 가지 큰 오류를 범하고 있다. 원금이 보장된다는 믿음과 월 2% 수익이 계속 나올 것이라는 예측이 바로 그것이다. 금융사기의 피해 규모는 이렇게 커지는 것이다.

그 때문에 투자 결정은 거북이처럼 천천히 신중하게 하고, 투자금을 회수할 시점에는 신속하고 빠르게 결정하여 회수하여야 한다. 사기꾼으로부터 나를 완벽하게 보호할 수는 없겠지만, 적어도 내 안의 조급함과 욕심으로부터는 스스로 보호할 수 있어야 피해를 줄일 수 있다.

04 명품으로 치장한 지인을 조심하라

대부분의 금융사기는 자신의 가까운 지인들의 추천으로 발생한다. 투자 수익과 성과를 올렸다는 지인의 이야기에 혹해서 상품에 대해 제대로 묻지도 따지지도 않은 채 투자를 쉽게 결정하는 것이다.

실제 과거 이숨투자자문 사건의 의뢰인 중 하나는 우연히 친구와의 저녁 술자리에서 친구가 이숨투자자문에 투자하여 매월 2%의 수익을 받고 있다는 이야기를 듣고 솔깃하여 투자를 결정했다가 손해를 본 사례였다. 친구가 수개월 동안 계속 수익금이 들어온 계좌 내용까지 보여주자 상품에 대한 확신이 생겼고, 결국 투자를 결정한 것이었다. 무등록 업체인 이런 유사수신 업체에 과연 누가 투자를 할까 생각하지만, 놀랍게도 피해자 중에는 변호사, 회계사, 중견기업의 대표이사 등 나름대로 식견이 있을 것으로 보이는 분들도 상당수 포함되어 있었다.

왜 그럴까? 이들은 자신의 지인을 믿는 것과 투자 대상을 믿는 것을 동일시하는 심각한 오류를 범하였기 때문이다. 사기꾼들도 이를 잘 알고 있으므로 나름대로 평판이 좋은 사람들이나 네트워크 활동을 활발히 하는 사람들을 우선으로 노린다. 이들만 물어오면, 나머지는 따라오기 때문이다. 실제로 시골에서는 은퇴한 교장 선생님 같은 분들이 목표가 되기도 한다. 어르신들 사이에서는 '설마 교장 선생님이 거짓말하겠어?' 하면서 믿어버리기 때문이다.

지인도 조심해야 하지만, 자신의 화려한 삶을 드러내지 못해 안달난 사람들도 조심해야 한다. 사기꾼들이 아무리 돈이 없어도 명품으로 치장하고, 외제 차를 타고 다니는 것은 매우 고전적인 수법이다. 그리고 이 전통적 수법은 SNS를 이용한 수법으로 진화하고 있다. 금융사기범들은 각종 소셜미디어 채널을 이용해 소위 '대박 신화'를 자랑한다. 명품으로 휘감은 자신이 슈퍼카 앞에서 찍은 사진을 올리고, 고급 와인과 함께 곁들인 화려한 저녁 식사 사진을 올리기도 한다. 엄청난 수익을 올려 호화로운 생활을 하는 것처럼 속이는 것이다. 사기꾼들은 사기로 취득한 불법 이익을 또다시 새로운 사기를 치기 위한 명품 옷과 슈퍼카 등을 사는 데 쓴다. 나름의 재투자를 하는 셈이다.

그리고 여기에 한 가지 더 중요한 요소가 있는데, 바로 연예인 인맥이다. SNS를 통해 친구로 맺어진 사람들에게 사기꾼이 연예인과 함께 찍은 사진을 올리고 이를 통해 상당한 재력과 인맥을 가지고 있음을 주변에 과시하는 것이다. 한때 세간을 떠들썩하게 했던 소위 '가짜 수산업자 사기 사건'도 이를 이용한 사기였다. 수산업자 김 모 씨는 '부림물산'이란 회사를 세운 성공한 사업가로 자신을 포장하며 정관계, 언론계에 접촉하고 유명 연예인들을 소개받은 후, 그들에게 명품을 선물하면서 접근했다. 그리고 그는 슈퍼카와 어선, 호화로운 수영장이 딸린 빌라 사진, 그리고 유명 연예인들과의 인맥 과시 등을 활용하여 선박 운용 사업 및 선동 오징어(선상에서 급랭시킨 오징어) 매매 사업을 빙자하여 116억 원을 피해자들로부터 가로챈 혐의로 구속기소 되었다. 보도에 따르면 김 씨가 슈퍼카를 구매하는 데 쓴 돈만 80억 원에 달한다고 한다.

청담동 주식 부자 이희진 사건도 마찬가지다.[45] 이희진은 자신을 주식투자 전문가라고 하면서 주로 비상장 주식으로 엄청난 수익을 냈다고 속여 불특정 다수의 투자자로부터 수백억 원을 가로챘다. 사기꾼 이희진은 각종 예능에도 출연하며 스스로 강남구 청담동에 수백 평대 고급 빌라를 보유한 주식 부자라고 소개했고, SNS를 통해 수십억 원에 달하는 슈퍼카들을 자랑했다. 투자자들은 그런 그의 화

---

45) 서울남부지방검찰청에 어떤 금융 사건으로 인해 한 검사실에 내 의뢰인의 조사 참여 목적으로 방문한 적이 있다. 그때 이희진 형제가 구속되어 그 방에서 같이 조사받고 있어, 몇 시간 동안 이희진 형제가 사기 사건으로 조사받 는 모습을 옆에서 지켜본 적이 있다. 그때 매우 인상 깊었던 것은 이 두 형제가 담당 검사를 상대로 웃으며 넉살 좋게 대화를 이어나가는 모습이었다. 구속되어 수의를 입고 있는 두 형제가 이렇게 여유롭게 검찰 수사를 받는 모습을 피해자들이 직접 보았다면 얼마나 분통을 터뜨렸을까 하는 생각이 들었다. 그런데 얼마 뒤 이희진의 부모가 살해된 사건이 뉴스에 떠들썩하게 나왔다. 이희진 부모의 돈을 노린 계획적인 강도 살인 사건이었다.

려한 모습에 홀려 그의 실제 투자 수익을 확인하려 들지 않았다. 주식투자로 어마어마한 수익을 올리지 않고서야 누릴 수 없는 호화로운 삶을 살고 있었기 때문에 더는 의문을 품지 않았다. 이희진은 나아가 '당신들도 나처럼 주식을 통해 부자가 될 수 있다'라며 사기를 쳤다.

지인도 조심해야 하고, 명품으로 치장한 사람도 조심해야 하는데, 지인이 명품으로 치장한 사람을 소개해 준다면 더더욱 조심해야 한다. 지인이 어느 날 명품으로 치장하고 나타나도 마찬가지다. 제대로 돈을 번 사람들은 오히려 세금 문제 때문에라도 자신의 수익을 도리어 숨기려 하지, SNS를 통해 만천하에 드러내놓고 당신을 찾아오지 않는다.

05 펀드 투자를 위해 증권사를 선택할 때 꼼꼼히 살펴보라

은행과 증권사의 배신은 사고 이후 보상 과정에서도 극명하게 드러난다. 라임펀드 사태가 터진 후 가장 선제적으로 보상안을 제시한 증권사는 바로 신영증권이다. 신영증권이 판매한 라임 측 펀드는 약 890억 원 규모인데, 이 중 개인 판매 규모는 649억 원, 기관은 241억 원이다. 다른 증권사에 비하여 판매액이 적기도 하지만, 신영증권은 이사회를 통해 다른 어떤 증권사보다도 먼저 선제적으로 보상 조치를 하였다. 고객과의 신뢰를 중시한 결정이라고 볼 수 있다. 통상 펀드 사태가 터지고 나서 그 펀드 손해액이 확정되기까지 상당한 시간이 걸리기 때문에 그전에 보상을 제시하는 경우는 지금껏 없었다고 봐도 무방할 정도이다.

대신증권이 100% 투자금 전액 반환 판결까지 선고받은 이후에도 여전히 자신들의 책임은 전혀 없다고 주장하는 것과는 너무나도 대비되는 모습이다. 김한석 씨와 이재용 씨의 라임펀드 판매 계약이 1심에서 전부 사기 취소가 인정되어 전액을 반환하게 된 대신증권은 항소를 통해 자신들의 책임을 부정했다. 심지어 재판부가 법정에서 라임펀드와 유사한 다른 사건에서도 증권사의 책임이 없다고 판단된 적이 없으니 배상을 어느 정도 할지에 대한 견해를 밝히라고 했지만, 대신증권 측은 책임이 없으므로 배상할 이유가 없다고 답변했다. 판매할 때는 안전하고 원금 손실 가능성이 제로에 가깝다고 설명을 했으면서 온갖 화려한 설명회로 고객을 유인하여 속이고서는, 환매중단 사태가 벌어지자 아무런 책임이 없다는 것이다. 이를 방청한 피해자들의 가슴은 또다시 멍들었다.

물론 대신증권도 금융감독원의 분쟁조정 결과가 나오자 마지못해 사적 화해 형식으로 투자금 일부를 보상하였다. 하지만 대형 로펌 여러 군데에 엄청난 수임료를 지급하면서 전력을 다해 책임을 부인했던 모습은 라임 사태가 터진 직후인 2020년 3월 23일 선제적 보상 결정을 내린 신영증권과 너무나도 대비되는 모습이다.

신영증권, 라임펀드 손실금 분담한다…"고객과 보상액 논의 중'

기사승인 2020. 03. 23. 18:01

신영증권이 라임자산운용 펀드의 환매 중지로 손실을 본 고객을 대상으로 손실금을 분담하기로 결정, 이를 위해 고객들과 접촉 중인 것으로 확인됐다.

신영증권 관계자는 23일 "책임경영과 고객보호 차원에서 라임펀드 손실 일부분을 보상해드리기로 했다"며 "금액 산정과 관련해 고객들과 일일이 논의하고 있다"고 말했다.

라임 펀드 환매 중단 사태와 관련해 판매사가 자발적 손실 보상에 나선 것은 신영증권이 최초다.

신영증권은 라임자산운용의 환매 중지 펀드를 총 890억 규모로 판매했다. 개인 649억원, 기관 241억원이다.

[2020년 3월 23일 자 아시아투데이 기사내용 중]

당신이 펀드 투자를 고민 중이라면 어떤 증권사를 이용하겠는가? 금융 사고가 적은 곳, 그리고 금융 사고가 발생했더라도 고객과의 신뢰를 지키며 자신들의 잘못을 인정하고 선제적 보상을 해주는 곳이 어디인지 꼭 확인하기 바란다.

06 해외 자산을 기초자산으로 하는 파생상품이나 펀드는 일단 피하자

최근 '독일 헤리티지 펀드', '메리어트 인 라스베이거스 펀드', 'Gen2 펀드' 등 해외 사업에 투자하는 펀드들의 원금 손실로 인한 펀드 환매 중단 사태가 줄줄이 벌어졌다.

독일 헤리티지 펀드는 독일 정부가 문화재(헤리티지)로 지정한 부동산을 현지 시행사인 저먼프로퍼티 그룹이 매입해 개발을 진행한 후, 수익을 나누는 구조인데, 해당 부동산 프로젝트에서 발행한 전환사채(CB)에 싱가포르 반자란 자산운용이 대출 펀드를 조성하고 국내 증권사가 이를 기초자산으로 한 DLS를 발행해 고객들에게 판매했다. 증권사들은 고객들에게 독일 헤리티지 펀드에 관해 설명하면서 '현지 Top 5 시행사로서 2008년 설립 이후 총 52개의 프로젝트를 완료하고 현재 50개의 프로젝트를 진행 중이며, 독일 내 유명 기업협회 자료에 따르면 건전한 재무 상태와 밝은 사업 전망을 한 독일 상위 4.4%에 해당하는 기업'이라 했다. 하지만 사실을 확인해 보니 독일 내 Top 5 시행사 사실 여부, 사업 이력 및 기업 평가 내용 등이 검증되지 않는 등 사업 전문성이 전혀 확인되지 않았으며, 제시한 사업 이력은 시행사 설립 이전 또는 헤리티지 사업과 무관한 사업 등으로 확인되었다.

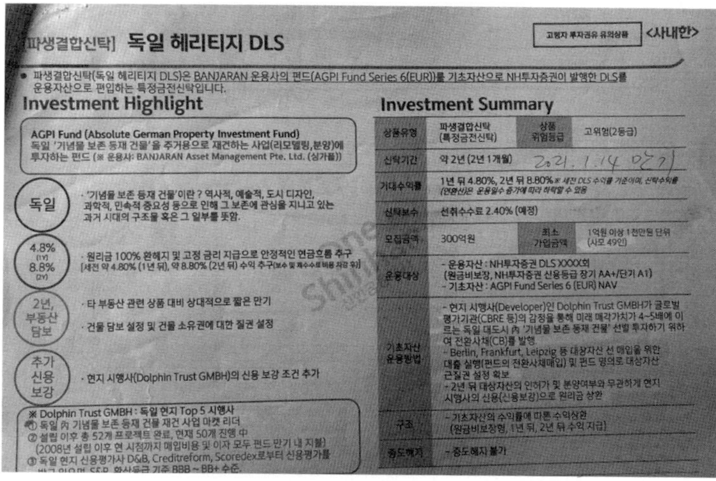

[파생결합신탁] 독일 헤리티지 DLS

고령자 투자권유 유의상품 <사내한>

- 파생결합신탁(독일 헤리티지 DLS)은 BANJARAN 운용사의 펀드(AGPI Fund Series 6(EUR))를 기초자산으로 NH투자증권이 발행한 DLS를 운용자산으로 편입하는 특정금전신탁입니다.

Investment Highlight

AGPI Fund (Absolute German Property Investment Fund)
독일 '기념물 보존 등재 건물'을 주거용으로 재건하는 사업(리모델링,분양)에 투자하는 펀드 (※ 운용사: BANJARAN Asset Management Pte. Ltd. (싱가폴))

독일
· '기념물 보존 등재 건물'이란 ? 역사적, 예술적, 도시 디자인, 과학적, 민속적 중요성 등으로 인해 그 보존에 관심을 지니고 있는 과거 시대의 구조물 혹은 그 일부를 뜻함.

4.8% (1Y) 8.8% (2Y)
· 원리금 100% 환헤지 및 고정 금리 지급으로 안정적인 현금흐름 추구
[세전 약 4.80% (1년 뒤), 약 8.80% (2년 뒤) 수익 추구(보수 및 제수수료 비용 차감 후)]

2년, 부동산 담보
· 타 부동산 관련 상품 대비 상대적으로 짧은 만기
· 건물 담보 설정 및 건물 소유권에 대한 질권 설정

추가 신용 보강
· 현지 시행사(Dolphin Trust GMBH)의 신용 보강 조건 추가

※ Dolphin Trust GMBH : 독일 현지 Top 5 시행사
① 독일 內 기념물 보존 등재 건물 재건 사업 마켓 리더
② 설립 이후 총 52개 프로젝트 완료, 현재 50개 진행 中
(2008년 설립 이후 현 시점까지 매입비용 및 이자 모두 펀드 만기 내 지불)
③ 독일 현지 신용평가사 D&B, Creditreform, Scoredex로부터 신용평가를

Investment Summary

상품유형	파생결합신탁 (특정금전신탁)	상품 위험등급	고위험(2등급)
신탁기간	약 2년 (2년 1개월) 2021.1.14 만기		
기대수익률	1년 뒤 4.80%, 2년 뒤 8.80% ※ 세전 DLS 수익률 기준이며, 신탁수익률(연환산)은 운용일수 증가에 따라 하락할 수 있음		
신탁보수	선취수수료 2.40% (예정)		
모집금액	300억원	최소 가입금액	1억원 이상 1천만원 단위 (사모 49인)
운용대상	- 운용자산 : NH투자증권 DLS XXXX회 (원금비보장, NH투자증권 신용등급 장기 AA+/단기 A1) - 기초자산 : AGPI Fund Series 6 (EUR) NAV		
기초자산 운용방법	- 현지 시행사(Developer)인 Dolphin Trust GMBH가 글로벌 평가기관(CBRE 등)의 감정을 통해 미래 매각가치가 4~5배에 이르는 독일 대도시 內 '기념물 보존 등재 건물' 선별 투자하기 위하여 전환사채(CB)를 발행. - Berlin, Frankfurt, Leipzig 등 대상자산 선 매입을 위한 대출 실행(펀드의 전환사채매입) 및 펀드 명의로 대상자산 근질권 설정 확보 - 2년 뒤 대상자산의 인허가 및 분양여부와 무관하게 현지 시행사의 신용(신용보강)으로 원리금 상환		
구조	- 기초자산의 수익률에 따른 수익상환 (원금비보장형, 1년 뒤, 2년 뒤 수익 지급)		
중도해지	- 중도해지 불가		

[2022년 7월 22일자 투데이신문 기사에 수록된 헤리티지 DLS 상품설명서 내용 중]

또한, 고객들에게 투자금 상환 가능성 및 안정성에 대해서는 부동산 매입 시 ① 시행사가 매입 금액의 20%를 투자하고, 분양률이 65% 미만이면 ② 은행 대출을 통해 상환하고 '인허가·분양과 무관하게' ③ 시행사의 신용으로 상환하며, 시행사의 부도 발생 시 ④ 부동산에 대한 담보권 행사 또는 시행사 SPV(각 헤리티지 사업별 법

인)[46] 주식에 대한 질권[47] 행사로 상환 가능하다고 하면서 안정성을 강조하였다. 하지만 사실은 투자 대금 대비 현저히 낮은 가치의 부동산을 취득한 것을 비롯하여 시행사의 자금력 등에 의존한 투자금 안전장치는 이행이 사실상 불가능했다. 증권사가 강조했던 담보권 및 질권 확보도 미흡했을 뿐 아니라 시행사의 신용등급 및 재무 상태로는 20%의 투자가 어려웠다. 그리고 결정적으로 실제 투자된 것도 없었다.

2014년 재무제표상 시행사 및 자회사는 완전자본잠식 상태로 시행사의 신용을 통한 투자금 상환은 사실상 불가능했고, 본 투자금이 투입된 리모델링 대상 물건 23개 중 차주는 12개의 소유권만 취득하였다. 담보권 및 질권도 일부만 설정해서 증권사가 고객들에게 설명한 내용과 전혀 달랐다. 이 모든 것은 금융감독원의 조사를 통해 밝혀진 내용이다.

---

46) SPV(Special Purpose Vehicle)는 SPC와 같은 개념으로 특정 부동산 개발이나 금융 프로젝트의 자금 조달 및 위험 관리를 위해 일시적으로 설립되는 특수목적법인으로, 주로 자산 유동화(ABS/ABCP 발행), 프로젝트 파이낸 싱(PF), 인프라 사업 등에 활용되어 모회사의 재무적 위험을 분리하고 사업을 효율적으로 진행하기 위한 '종이회사' 형태의 법인이다.

47) 질권은 채권자가 채무 변제를 담보하기 위해 채무자나 제3 자로부터 물건(동산)이나 재산권(채권, 주식 등)을 넘겨받아 점유하면서, 변제가 없을 시 그 목적물로 다른 채권자보다 우선하여 변제받을 권리를 말한다. 이는 전당포에 물건을 맡기고 돈을 빌리는 것과 유사하며, 동산이나 양도 가능한 권리에 설정되며 부동산에는 설정되지 않고 저당권이 대신 사용된다.

메리어트 인 라스베이거스 DLS 펀드는 신한투자증권이 투자자들에게 만기 1년 6개월, 목표 수익률 5%를 제시하며 판매했던 상품이다. 글로벌 호텔 브랜드인 JW 메리어트 호텔은 누구나 알 정도로 유명한 호텔 브랜드인 만큼 투자자들은 그 이름을 믿고 이 펀드에 투자를 결정했다. 하지만 2020년 코로나 19 위기가 더해져 시행사가 당해 5월 파산했고 선순위 투자자인 JP모건은 사업 담보권을 제삼자에게 헐값 매각했다. 이 때문에 중·후순위 투자자인 국내 증권사들은 원금을 건져내지 못하고 전액 손실을 보았다.

신한금융투자는 고객들에게 최고의 입지와 낮은 LTV 등을 강조하면서 안정성을 내세웠다. '선순위 메자닌 투자[48]'라는 표현으로 마치 유명 기관 투자 기관과 같은 순위로 변제받을 수 있는 것처럼 설명했고, 핵심 내용 중 하나인 DIL(Deed In Lieu: 부동산 소유권 양도제도)를 전혀 설명하지 않았다. 이 조항은 투자자들의 원금 손실 가능성에 직결되는 투자 결정의 핵심 요소에 해당하는 것이지만 신한금융투자는 하나금융투자로부터 법률실사보고서상에 DIL 조항이 들어있다는 것을 보고받고도 고객들에게는 전혀 설명하지 않았다. DIL이란 채무자가 채권자에게 소유권을 포함한 모든 권리를 이전해 주

48) 메자닌 투자는 채권과 주식의 중간 성격을 가진 상품(전환사채(CB), 신주인수권부사채(BW) 등)에 투자하여, 주가 상승 시 주식 전환으로 시세차익을 얻고, 하락 시 채권처럼 이자 수익 및 원금 상환을 기대하는 중위험·중수익 투자 방식이다. 이는 발행 기업의 신용위험이 중요하며, 투자 원금보장이 되지 않아 신중한 접근이 필요하고, 주로 사모펀드 형태로 개인 투자자에게 제공되는 경우가 많다.

는 조건으로 채무를 면제받는 미국의 부동산 소유권 양도제도이다. JP모건이 최우선 채권자로 담보로 잡고 있던 소유권을 매각할 수 있었던 것도 바로 이 '부동산 소유권 양도(DIL)' 조항에 근거한 것인데, 담보 물건을 턱없이 낮은 가격에 매각한 후 자신들만 우선변제받아 결국 후순위자들인 투자자들은 전액 손실을 보게 된 것이다. 하지만 투자자들에게 DIL에 관한 설명은 전혀 없었다.

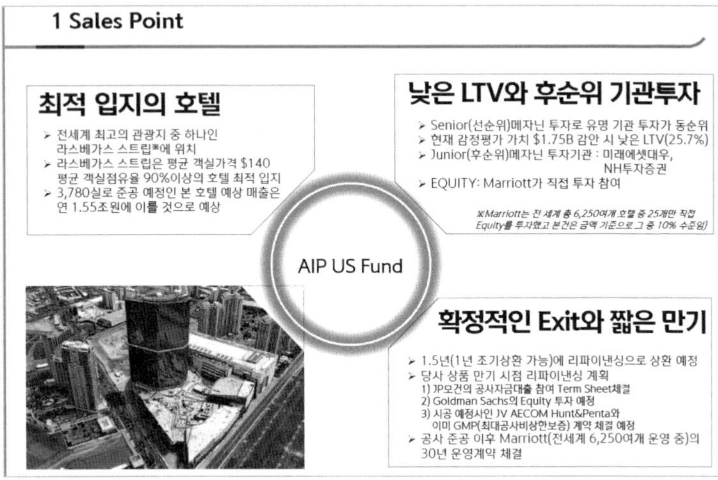

[신한금융투자 메리어트 인 라스베가스 펀드 설명서 내용 중]

헤리티지 펀드는 금융감독원에서 2022년 11월 22일 각 판매 기관에 대하여 착오 취소를 원인으로 하여 투자금 전액을 반환할 것을 권고한 바 있어 그나마 투자자들에게 원금 회복의 희망이 생긴 상태이다. 그러나 메리어트 인 라스베이거스 DLS 펀드는 아직 손실을 보상받지 못한 상태이거나 일부 금액만 사적 화해로 보상이 이뤄졌다. 이에 나는 현재 사기 내지는 착오 취소를 원인으로 한 소송을 준비중에 있다.

또한, 최근에 문제가 된 펀드 중 Gen 2(이하 '젠투') 펀드가 있다. 젠투펀드는 주로 한국계 외화채권(KP물)에 투자했다. KP물은 국내 기업이 자금을 조달하기 위해 해외에서 발행한 달러 표시 채권이기 때문에 상대적으로 안정성·수익성이 높은 투자 대상이라고 볼 수 있다. 그런데 홍콩에 소재를 둔 젠투파트너스가 펀드를 운용하면서 서로 다른 펀드 사이에 총수익스와프(TRS)·신용부도스와프(CDS)[49] 계약을 체결하였고, 이에 따라 실질적으로 한 펀드의 위험이 다른 펀드로 이전될 가능성이 생기게 되었다. 쉽게 말하면, 젠투펀드는 운용사와 판매사 사이에 일종의 대출회사가 끼어있으므로 펀드에 연계된 채권 가격이 일정 금액 아래로 내려가면 그 대출회사가 우선으로 대출금을 회수해가는 구조였다. 이 과정에서 운용 중인 펀드들도 독립적으로 운용되는 것이 아니라 서로 담보로 연결돼 있었기 때문에 하

---

49) 신용부도스와프(Credit Default Swap)란 부도가 발생하여 채권이나 대출 원리금을 돌려받지 못할 위험에 대비한 신용파생상품을 말한다. 이를 CDS라고 하며, 쉽게 말하면 부도의 위험을 전가하기 위하여 그 위험만을 따로 떼어내어 사고파는 신용파생상품이다. 예를 들면, A은행이 B기업의 회사채를 인수하였다고 가정해 보자. 이때 B기업이 파산하면 A은행은 채권에 투자한 원금을 회수할 수 없게 된다. A은행은 이러한 신용위험을 피하고자 C금융회사에 정기적으로 수수료를 지급하는 대신, B기업이 파산할 경우, C금융회사로부터 투자 원금을 받도록 거래하는 것이다. 일종의 금융기관끼리 보험을 드는 것과 같다. 문제는 이러한 CDS 발행이 남발되면 과거 미국의 서브프라임 모기지 사태와 같은 금융위기를 촉발하는 계기가 되기도 한다는 점이다.

나의 펀드에서 부실이 발생하면 전체 펀드가 위험한 결과로 이어지게 된다.

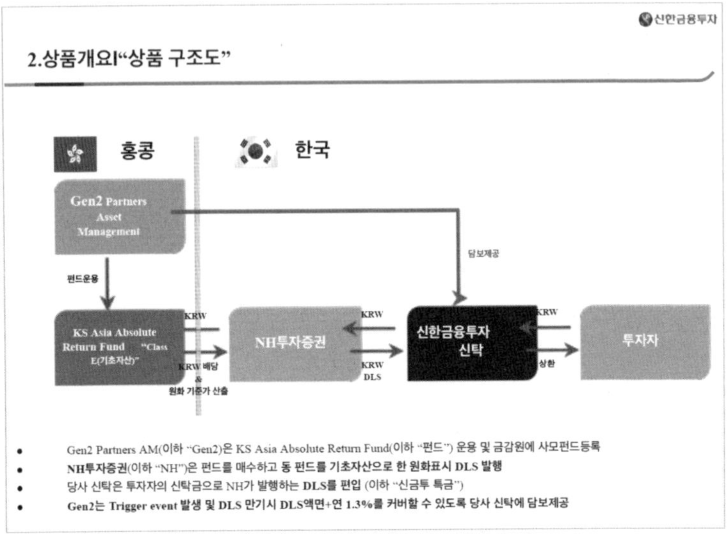

[젠투펀드 상품설명서에 기재된 상품구조도]

젠투펀드는 1조 원 이상의 피해를 낳은 대규모 펀드 환매 중단 사태를 일으켰다. 아직도 분쟁조정의 결과가 나오지 않은 상태로 문제 해결이 되지 않아 피해자들의 고통은 점점 깊어만 가고 있다. 위 펀드 상품 구조도를 보면 알 수 있듯이 일반인들이 이 펀드의 구조를 이해한다는 것은 쉽지 않다. 젠투펀드에 투자한 기관 투자자를 제외한 일반 투자자들 대부분은 이 펀드 구조를 이해하고 투자했으리라고 보기 어렵다.

NH투자증권이 결국 홍콩의 젠투 자산운용이 운용하는 펀드를 매수해 재구조화하여 DLS 상품으로 만든 후, 이를 신한금융투자에서 특정금전신탁 형식으로 매수한 것이다. 특정금전신탁(Special Money Interest)이란 금융기관이 고객으로부터 예탁받은 자금을 고객이 지정한 운용 방법·조건에 따라 운용한 후, 운용 수익을 배당하는 신탁으로 실무상 '특금'이라고도 한다. 고객들로부터 돈을 예탁받아 이를 대출이나 채권 등에 적절히 투자한 뒤, 일정 기간 후 원금과 수익을 돌려주는 금융상품을 신탁이라고 하며, 특정금전신탁은 고객이 금융기관에 돈을 맡기면서 특정 기업의 주식이나 기업어음·회사채 등을 구매해 달라고 지정하는 것이다. 과거 내가 담당했던 LIG건설 CP 불완전판매 사건도 바로 우리투자증권에서 특정금전신탁의 형식으로 고객의 돈을 받아 LIG건설 기업어음(CP)에 투자한 것이었다. 특정금전신탁의 형식으로 하는 것이다 보니 법률적으로는 단순히 펀드를 매수한 것과는 달리 고객 명의로 일종의 지시를 받아 투자한 셈이 되어 다툼이 되는 법률적 쟁점들이 더 있기는 하지만, 실질적으로 고객들에게 금융투자 상품을 판매했다는 것은 동일하다.

젠투가 외국계 프라임 브로커리지 서비스(PBS)와 계약을 맺으면서 레버리지를 일으키기 위해 회수 조건을 걸었던 것으로 추측되는데, 젠투의 AUM(운용자산)이 줄어들 때 PBS가 담보물에 대해 반대매매에 나설 수 있다는 내용(운용 차입금 중도상환 Trigger)이 있었던 것으로 파악되고 있다. 결국, 레버리지 펀드에서 손실이 발생해 AUM이 줄어들어 반대매매가 되는 것을 막기 위해 멀쩡한 레버리지

없는 펀드까지 환매를 연기하는 조치를 한 것이다.

문제는 젠투펀드가 대표 펀드인 KS아시아앱솔루트 펀드와 KS코리아크레딧 펀드를 분리하지 않고, 사실상 하나의 결합펀드(Incorporated Cell) 형태로 운용한 것이다. 하나는 레버리지를 5배 써서 위험도가 높은 펀드이고, 다른 하나는 레버리지가 없는 펀드이다. 그러나 전체 운용자산의 규모가 줄어들면 반대매매를 할 수 있는 특약으로 인해서, 젠투파트너스는 외국계 증권사 PBS의 대출금이 회수되어 자산이 매각되는 것을 막기 위해 레버리지가 없이 정상적으로 운용되던 펀드까지 환매를 중단시킨 것이다.

결국, 젠투자산운용의 입장에서는 만기가 도래한 펀드의 환매에 대응하면 자산이 추가로 줄어들게 되고 결국 운용 차입금을 중도상환하거나 레버리지를 일으킨 것만큼 반대매매 형식으로 청산될 수 있는 연쇄적 펀드 환매중단으로 이어질 상황이 된 것이다. 앞서 우리가 살펴본 라임자산운용이 환매 연기 사태가 발생하자 투자 대상을 담보로 잡고 TRS 대출을 해준 신한금융투자와 KB증권이 대출금을 회수하기 위해 라임자산운용의 자산을 우선으로 매각하여 결국 대규모 환매중단 사태로 이어진 사례와 유사한 상황이 발생한 것으로 생각하면 된다.

중요한 점은 은행이나 증권사는 펀드에 대하여 법률상 실사 의무가 없다. 그러므로 특히 해외의 기초자산에 투자하는 펀드는 오로지

자산운용사가 제공하는 자료 몇 장에 의존하여 설명할 수밖에 없는 한계가 있다. 투자자로서도 실제 그 사업이 제대로 진행되고 있는지를 확인할 방법 또한 사실상 없다. 그런 점에서 해외 사업에 투자하거나 해외의 기초자산에 투자하는 파생상품은 더욱 신중하게 접근하여야 한다. 은행이나 증권사가 설명하는 말을 그대로 믿고 투자하기에는 그 은행이나 증권사가 알고 있는 것이 별로 없을 수 있다는 점을 명심하자. 은행이나 증권사도 잘 모르는 상품에 투자하는 멍청이가 되지 않기를 바란다.

07 펀드 가입 후 금융기관의 고객 확인 전화('해피콜')에 본인의 의사를 명확히 밝히자

금융기관은 불완전판매 여부를 확인하는 전화를 녹음해야 할 의무가 있다. 명칭은 다양할 수 있는데, 이를 통상 '해피콜'이라고 부른다. 아이러니하게도 해피콜이라는 이름과 달리 펀드 사고가 발생하면 이 해피콜은 투자자들에게 불리한 '악마의 콜'로 돌변한다.

막상 펀드 사고가 발생하여 소송을 진행하면 상대방 증권사나 은행은 여지없이 이 녹음을 증거로 제출한다. 이 해피콜에서는 직원이 '원금 손실 가능성에 대하여 충분히 설명을 들으셨지요?'라는 질문을 하고 고객은 '예'라고 답변하는 내용이 녹음되어 있기 때문이다. 그 외에도 고객에게 불리한 설명을 모두 들었냐는 세세한 질문들이 있고, 고객들이 모두 '예'라고 답변한 녹취가 법정에 제출된다. 재판부는 이 녹취를 근거로 투자자들에게 불리한 판단을 내린다. 그래서 악마의 콜인 셈이다.

해피콜은 대부분 PB가 고객들에게 형식적인 전화가 갈 것인데 그냥 '네'라고 답변하면 된다고 하면서 진행된다. 그렇게 답변하지 않으면 펀드에 가입하지 못하니 무조건 '네'라고 답변하시라고 한다. 투자자들은 PB가 시키는 대로 할 뿐 그 질문의 내용이 무엇인지, 그것이 어떤 의미가 있는지, 그것이 이후 어떤 법적 효과를 가지는지 잘 알지 못한다. 심지어 내 의뢰인 사례 중에는 고객이 원금 손실 가능성에 관하여 이야기를 못 들었다고 해피콜에 답하자, 곧바로 다시 담당 PB가 전화가 와서 그렇게 답변하시면 안 된다고 무조건 '예'라고 답변하라고 하여 다시 '예'라고 답변하는 예도 있다. 라임펀드만을 판매해온 대신증권 반포지점 WM센터는 라임펀드 고객들에게 아예 자료를 만들어 "YES!!" 답변을 부탁드린다고 요청하기도 했다.

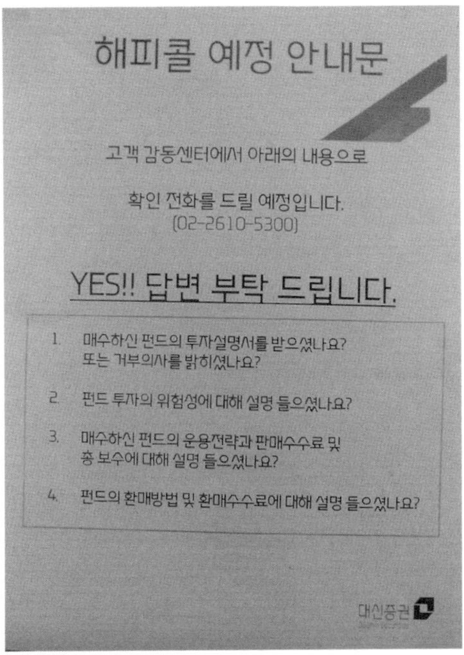

[대신증권에서 라임펀드 판매 시 펀드 가입 고객에게 나눠준 자료]

금융소비자보호법 제17조(구 자본시장법 제46조)에는 적합성 원칙이라는 것이 규정되어 있다. 투자자의 투자 성향을 파악하여 그에 적합한 상품을 추천하여야 한다는 것이다. 이는 표준투자권유준칙을 통해서 각 금융기관에 준수하도록 하고 있지만, 이것이 잘 지켜지고 있는 금융기관은 많지 않다.

투자자 성향은 안정형, 안정추구형, 위험중립형, 위험추구형, 공격투자형 이렇게 5가지로 분류된다. 라임펀드나 이 사건에서 언급한 대부분 펀드는 공격투자형의 고객들만 투자할 수 있게 되어, 심지어 일반 투자자가 아닌 전문 투자자만 투자할 수 있게 해두었다. 그런데 이런 고위험 펀드를 은행이나 증권사에서 마치 예금처럼 판매한 것이다. 80세 노인이 와도 라임펀드를, 60세 주부가 와도 라임펀드를, 은행 연금 상품을 찾는 70세 은퇴자에게도 라임펀드를 추천했다. 처음부터 투자 성향에 맞추어 판매할 생각은 하지 않았다. 일단 라임펀드를 판매하고, 투자자를 그 펀드에 맞추어 펀드 적합형 투자자로 둔갑시키는 것이다. 이 둔갑술에 동원되는 것이 그들이 주장하는 해피콜이다.

공격투자형에 체크된 투자정보확인서에 사인하기를 요청받고 이후 해피콜에 '네'라는 답변을 요구받는다면 그 해피콜이 악마의 콜로 돌변할 수 있다는 것을 명심해야 한다. 투자자 보호라는 해피콜의 도입 취지는 온데간데없고, 은행이나 증권사가 불완전판매를 한 이후에 자신들의 잘못을 면책받는 도구로 전락하였다. 은행과 증권사는 당신에게 예금처럼 너무나 안전한 상품이라고 판매한 후 문제가 생기면 “저희가 그때 분명히 원금 손실 가능성에 대하여 설명해 드렸잖아요? 다 녹음도 되어 있어요.”라고 말하며 순식간에 돌변한다. 반드시 자신의 성향을 확인해서 있는 그대로 기재하고 그 성향에 맞는 상품에만 투자해야 한다는 것을 명심하자.

08 당신의 집과 사무실로 찾아오는 PB는 일단 거르자

어느 날 당신의 전화로 증권사 직원의 전화가 걸려온다. 형식적인 안부 전화인 것처럼 하면서 잠시 당신의 집 근처나 당신의 사무실로 인사차 찾아오겠다고 한다. 단순한 인사차 어떤 선물을 가지고 온다고 하니 고객 대부분은 굳이 마다하지 않는다.

증권사 PB는 고객의 사무실로 찾아와 최근 투자의 흐름과 경향을 설명한다. 무슨 회색 코뿔소[50]가 다가오고 있다고 한다. 그러면서 이를 미리 대비하고 준비해야 하고, 지금 투자 대세 흐름은 '대체투자'라고 한다. 회색 코뿔소와 대체투자가 도대체 무슨 관계가 있는지 모

50) 회색 코뿔소(Gray Rhino)는 어떤 위험요인이 갑자기 발생하는 것이 아니라 계속적인 경고로 이미 알려진 위험 요인들이 빠르게 나타나게 되는데, 사람들이 일부러 그 위험 신호를 무시하고 있다가 결국 큰 위험에 빠진다는 의미를 가진 금융 용어다. 이는 세계정책연구소(World Policy Institute) 대표이사 미셸 부커가 2013년 1월 다보스포럼에서 처음 발표한 개념으로, 코뿔소가 몸집이 커 멀리 있어도 눈에 잘 띄며 진동만으로도 움직임을 느낄 수 있지만, 코뿔소가 달려오면 두려움 때문에 아무것도 하지 못하거나 대처 방법을 알지 못해 부인해 버리는 것을 비유한 말이다.

르겠지만, 고객은 사무실까지 찾아온 PB의 말을 경청하여 듣는다. 결론은 불확실성이 큰 금융시장에서 확실한 투자기법인 대체투자를 해야 한다는 것이다.

30분쯤 지났을까, 담당 PB는 본색을 드러낸다.

그 대체투자에 최적인 금융투자 상품이 나왔다는 것이다. 그것은 바로 '라임펀드'였다. 원금 손실 가능성을 제로에 맞추어 절대로 손실이 날 가능성이 없으니 당신이 대표이사로 있는 회사의 자금을 은행에 넣지 말고 수익률이 좋은 라임펀드에 투자하는 것은 어떠냐는 것이다. 그 담당 PB는 이미 당신과 당신이 대표로 있는 회사의 계좌에 얼마의 돈이 들어있는지 알고 온 것이다.

당신은 주저한다. 이 돈은 회사 자금이고 언제 자금이 쓰일지 모르는데 투자를 할 수 있겠냐고 말이다. 그러자 PB는 원금보장은 확실한데 무슨 걱정이시냐며 다시 한번 라임펀드 투자를 권유한다. 주저하는 대표이사에게 만기도 1년(우리은행만 6개월 만기)에 불과하니 오래 묶여있지도 않을 것이라면서 투자를 계속 재촉한다. 당신은 그 PB 말대로 하지 않으면 거대한 회색 코뿔소에 들이받혀 손해를 볼 수 있다는 생각이 든다. '그래 뭐 1년 단기 상품이고 원금도 확실히 보장되는 상품이라니 믿고 맡겨 보기로 한다.' 그 PB도 알아보니 나름 유명한 PB이기도 하고, 무엇보다 증권사의 이름이 큰 믿음을 주는 곳이라 믿고 투자하기로 한다. 그리고 이 이야기의 결말은 당신이 이미 알고 있는 그대로다.

금융소비자보호법 제21조 제6호의 가목은 "금융소비자로부터 계약의 체결 권유를 해줄 것을 요청받지 아니하고 방문·전화 등 실시간 대화의 방법을 이용하는 행위"를 부당권유 금지 원칙의 한 내용으로 규정하고 이를 금지하고 있다.

당신의 집 근처, 사무실을 찾아와 투자를 권유하는 은행과 증권사의 직원이 있다면 이는 부당권유 금지 원칙 위반이다. 그리고 이렇게까지 당신에게 펀드를 판매하기 위해 적극적이라면 뭔가 이상함을 알아야 한다. 그렇게 정말 좋은 상품이라면 그 직원 자신과 자신의 가족들, 지인들이 가입하도록 하지 당신 차례까지 돌아올 리가 있나?

당신의 집과 사무실로 찾아오는 PB는 일단 거르자.

09 내 자산 상황에 맞는 투자 상품을 고르자.

앞서 투자자 성향 5가지에 대하여 말한 바 있다. 일단 자신의 투자 성향을 정확히 파악하고, 그에 맞는 투자 상품을 고르는 것이 매우 중요하다. 자신의 투자 성향이 안정추구형이라면 원금 손실을 거의 감수하지 않겠다는 것이므로 이자 수익이 적더라도 안전한 상품을 골라 투자하여야 한다. 고수익 상품을 투자하고 싶다면 안전추구형과는 처음부터 맞지 않는다.

은행이나 증권사에 가면 투자 상품을 결정하기 전에 투자자 정보확인서라는 것을 작성한다. 금융기관은 투자 상품을 먼저 권유하고, 사후적으로 투자자 정보확인서를 작성해서는 안 된다. 투자 상품을 결정하기 전에 먼저 투자자 정보 확인을 통해 자신의 투자 성향을 확인한 후에 그에 맞는 상품을 추천받도록 하여야 한다.

일반투자자 투자정보 확인서(개인)

팀원 팀장

기본정보 계좌번호 주민등록번호 구분 ☑ 내점(본인) ☐ 내점(대리인) ☐ 유선

※ 일반투자자 투자정보 확인서는 〈자본시장과 금융투자업에 관한 법률〉 제46조 2항에 근거하여, 회사가 고객의 투자 목적, 재산 및 소득 상황, 투자경험, 금융투자상품에 관한 지식, 위험선호도, 투자 예정기간 등을 감안한 적합한 투자권유를 하기 위하여 징구하는 서류입니다.
※ 정보를 제공하지 않거나 일부만 제공한 경우에는 적합한 투자권유가 이루어지지 않을 수 있으며, 이로 인하여 고객의 투자위험도가 증가할 수 있으니, 최대한 고객님의 상황에 맞거나 가장 가까운 항목을 선택해 주시기 바랍니다.

투자성향 분석정보

☑ 신규 또는 정보변경

☐ 기존과 동일

투자가능기간 1. 고객님께서 투자하고자 하는 투자가능기간은 ?
☐ 6개월 이내 ☐ 6개월 이상~1년 이내 ☐ 1년 이상~2년 이내 ☐ 2년 이상~3년 이내 ☑ 3년 이상

투자경험 2. 다음 중 고객님의 투자경험과 가장 가까운 금융투자상품은 어느 것입니까? (중복응답 가능)
☐ 투자경험 없음
☐ 국채, 지방채, MMF, CMA 등
☐ 금융채, 신용도가 높은(AA등급 이상) 회사채, 채권형펀드, 원금보장형 ELS 등
☐ 신용도 중간 등급(BBB~A등급)의 회사채, 원금의 일부만 보장되는 ELS, 혼합형 펀드 등
☐ 신용도가 낮은(BB등급 이하) 회사채, 주식, 원금이 보장되지 않는 ELS, 시장수익률 수준의 수익을 추구하는 주식형 펀드 등
☑ ELW, 선물옵션, 시장수익률 이상의 수익을 추구하는 주식형펀드, 파생상품펀드, 주식 신용거래, 관리종목 주식 등

투자지식 3. 금융투자상품 투자에 대한 고객님의 지식수준이 어느 정도라고 생각하십니까?
☐ 투자 의사결정을 스스로 내린 경험이 없음
☐ 예 · 적금과 금융투자상품 간의 차이점을 알고 구별할 수 있음
☑ 금융투자상품(주식, 채권 펀드 등)의 손익구조 · 위험에 대한 기본 내용만 이해하고 있음
☐ 파생상품을 포함한 금융투자상품의 손익구조 · 위험에 대한 거의 대부분을 이해하고 있음

금융자산 대비 투자자금 비중 4. 고객님께서 투자하고자 하는 자금은 고객님의 전체 금융자산(부동산 제외) 중 어느 정도의 비중을 차지합니까?
☐ 5% 이내 ☑ 5% 이상 ~ 10% 미만 ☐ 10% 이상 ~ 30% 미만 ☐ 30% 이상

위험감수 1 5. 고객님의 투자원금에 손실이 발생할 경우 다음 중 고객님이 감수할 수 있는 손실 수준은 어느 정도입니까?
☐ 무조건 투자원금 보전 ☐ 투자원금에서 10% 미만 손실 감수
☐ 투자원금에서 30% 미만 손실 감수 ☑ 투자원금에서 30% 이상 손실도 감수(기대수익 높다면)

투자목적 6. 다음 중 고객님의 투자목표와 투자성향을 가장 잘 설명하는 투자자 유형은 무엇입니까? (※ 기대수익이 높을수록 손실위험도 커짐)
☐ 단기자금운용 ☐ 예적금 수익률 기대
☐ 시장평균 이상 수익률 기대 ☑ 적극적인 자산증식

파생상품투자경험 7. 고객님께서 파생상품(선물,옵션), ELW, 원금이 보장되지 않는 ELS 또는 파생상품 투자펀드에 투자한 경험이 있는 경우 투자기간은 어느정도 입니까?
☐ 전혀 없음 ☐ 1년 미만 ☐ 1년 이상~3년 미만 ☑ 3년 이상

(개인) 소득수준 8. 다음 중 고객님의 수입원을 가장 잘 나타내는 것은 어느 것입니까?
☑ 현재 일정한 수입이 있으며, 현재 수준 유지 또는 증가 예상
☐ 현재 일정한 수입이 있으나, 향후 감소 또는 불안정 예상
☐ 현재 일정한 수입이 없으며, 연금이 주 수입원임

(개인) 소득현황 9. 고객님의 연소득은 어느 수준입니까?
☐ 3,000만원 미만 ☐ 3,000만원 이상 ~ 5,000만원 미만 ☐ 5,000만원 이상 ~ 7,000만원 미만
☐ 7,000만원 이상 ~ 1억원 미만 ☑ 1억원 이상

*랩/신탁 투자성향 항목 (랩계좌 개설을 원하시는 고객은 필수적으로 응답하셔야 합니다.)

총자산 대비 금융자산 비중 10. 고객님의 금융자산(부동산 제외)은 전체 자산 중 어느 정도의 비중을 차지 합니까?
☐ 5% 이내 ☐ 5% 이상 ~ 10% 미만 ☐ 10% 이상 ~ 30% 미만 ☐ 30% 이상

위험감수 2 11. 계약기간의 반 이상 남은 시점에서 단기적으로(1~2개월 동안) 감내할 수 있는 손실한도를 넘어 손실을 기록하고 있을 때, 고객님의 선택은 다음 중 어느 것입니까?
☐ 포트폴리오 모두 환매 ☐ 포트폴리오 일부 환매 ☐ 관망 ☐ 신규 투자자금 추가 불입

분석결과 일반투자성향 : 공격투자형 랩/신탁 투자성향 :

※ 본인은 귀사에 제공한 본인의 정보와 관련하여 아래와 같이 확인합니다.
1. 본인이 제공한 정보는 작성일 현재 본인의 투자목적, 재산상황 및 투자경험 등의 정보를 정확히 반영하고 있습니다.
2. 본인은 정보제공일로부터 2년간 본인의 투자성향이 변경되지 않는 것으로 간주된다는 사실에 대하여 설명을 받았습니다.
3. 본인은 정보의 변경사항이 발생한 경우 이를 귀사에 통지하여야 귀사가 본인에게 적합한 투자권유를 할 수 있다는 점에 대하여 설명을 받았습니다.

투자권유 미희망 또는 투자자정보 미제공 고객
☐ 투자권유를 희망하지 않음 ☐ 투자자정보를 제공하지 않음
※ 일임 · (비지정형)신탁계약 및 파생상품 등 거래희망시에는 체크불가

※ 투자권유 미희망/투자자정보 미제공 확인서
• 투자권유를 희망하지 않거나 투자자정보를 제공하지 않는 경우에는 고객의 별도요청이 있기 전까지 회사가 투자권유를 할 수 없습니다.
• 투자시 원금 손실이 발생할 수 있으며, 투자손익에 대한 책임은 모두 고객에게 귀속됩니다.

A-04(2016.04.18) 1/2 대신증권 Daishin Securities

[대신증권의 한 고객의 투자자 정보확인서]

그러나 대부분 현장에서는 그 반대로 투자 상품을 먼저 결정하고 투자자 정보확인서를 사후에 작성하는 역전 현상이 벌어지고 있다. 담당 직원이 알아서 당신의 성향을 체크하고 공격투자형으로 기재한 후, 서명날인만 하도록 하는 경우가 많은데, 이는 법 위반일 뿐 아니라 당신 스스로에게도 바람직하지 않은 결과를 낳는 계기가 되기도 한다.

아무리 돈이 많아도 조금의 손실만 나면 스트레스로 일을 하지 못하는 분도 있다. 이런 분들은 무조건 안전형이나 안전추구형에 맞는 상품에 가입해야 한다. 반대로 손실이 많이 나도 스스로 감수할 마음을 갖는 분들은 고수익 상품에 투자하는 것이 적합한 공격투자형으로 분류될 수 있다.

투자는 자신이 하는 것이다. 그 이익도 온전히 투자자 자신이 취득하지만 반대로 그 손실도 고스란히 본인 몫인 것이다. 자신의 투자 성향을 잘 파악하고, 그에 맞는 포트폴리오를 구성하도록 하자.

10 펀드 가입 내지 투자를 결정할 때, 반드시 녹음을 하자.

내가 금융사기 피해자 사건을 맡아 소송을 진행하면서 느끼는 것 중 하나가 녹음의 필요성이다. 대부분 투자자는 투자 설명을 들을 때 녹음을 하지 않는다. 녹음으로 남아 있는 것은 투자자에게 불리한 내용만 가득 담긴 해피콜 녹음뿐이다. 서류에는 원금 손실 가능성을 듣고 이해하였다고 자필로 기재까지 되어 있다.

투자자 측의 소송 과정은 매우 어렵다. 그 이유는 모든 증명을 투자자 측이 하여야 하기 때문이다. 분명 처음 펀드에 가입할 때는 직원이 은행 예금이라고 생각하시면 된다고 하면서 원금이 보장된다고 했는데, 막상 녹음된 내용과 작성된 서류에는 원금 손실이 있음을 고지받고 모두 이해했다고 되어있다.

라임펀드 사건에서 대신증권 장영준 센터장이 라임 사태 직후 구속된 것은 바로 김한석 씨의 녹취록이 결정적인 계기가 되었다. 우연히 녹음한 그의 녹취파일에서 그간 그들이 어떤 설명을 해왔고, 그들이 설명한 것이 모두 거짓이었음이 밝혀질 수 있는 단서가 들어있었다.

양자 간 대화 녹음은 법적으로 허용된다. 그래서 미국과 달리 우리나라 갤럭시 핸드폰에는 자동 녹음 기능이 들어있다. 통화를 녹음하는 것뿐 아니라 펀드에 가입하는 창구 또는 방문하여 설명을 듣는 대면 상담 중에도 녹음을 해두는 것이 필요하다. 녹음하여 잃어버리지 않도록 자신이 주로 사용하는 클라우드에 별도로 저장을 해두는 것을 권하고 싶다. 당신의 휴대폰에 저장된 녹음이 진정한 의미의 '해피콜' 녹음이 될 수 있다. 휴대폰을 바꾸거나 분실하는 경우 당신을 구할 중요한 해피콜 녹음이 사라지게 해서는 안 되니 말이다.

카톡 대화도 마찬가지다. 카톡 내용을 캡처하여 별도로 클라우드 등에 보관하는 것이 좋다. 김한석 씨의 카톡 내용에서 장영준은 '담보금융 딜로 LTV가 50% 이하'로 안전성을 강조하면서 '은행 예금처럼'이라는 표현을 써서 고객들에게 은행 예금과 같은 것처럼 혼동하게 하였다는 점이 증명되었다. 만일 이러한 증거 자료가 없었다면, 소송에서 이기는 것은 '사막에서 바늘 찾기'가 되어버린다는 점을 명심하자.

형님..

다름이 아니오라 '확정금리형 상품'이 기획되어 안내말씀드립니다.

1. 투자대상 : 다양한 담보금융투자(담보대출, 평균 LTV 50%이하)
2. 수익률 : 연 8~10%(세전, 총보수차감후)
3. 기간 : 1년마다 결산 (6개월 이후 환매가능)
4. 설정일 : 5월 24일(목)

'다양한 담보금융 딜'이 편입된 펀드라 은행예금처럼 발생가능한 위험을 최소화하였습니다.
예약하신 금액과 변동이 있으실경우 말씀주시면 조정하도록 하겠습니다.

감사합니다.

[김한석 씨와 장영준의 라임펀드 관련 카톡 문자 중]

부록

새로운 금융사기,
가상화폐 사기 유형 분석

지금까지 일종의 금융투자와 관련된 사기를 펀드 사건 중심으로 알아보았다. 지금부터는 최근 점점 늘어가고 있는 가상화폐 관련 국내외 금융사기 사건을 분석하여 이야기해 보고자 한다. 특히 2021년부터 그 피해 액수와 가상자산 사기로 검거된 사람의 수가 급증하는 등 그 피해가 급증하고 있어 투자를 고민하는 분들은 주의를 요구한다.

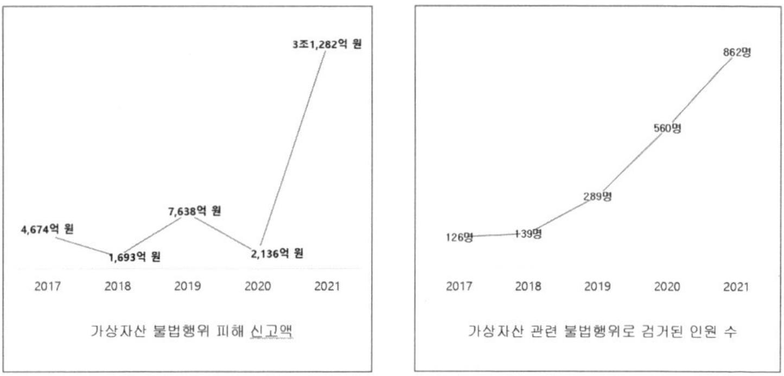

[가상자산 관련 불법행위 피해 신고액 및 검거된 인원수 그래프]

2022년 9월, 나는 경찰청이 주최하는 국제사이버범죄대응심포지엄(ISCR 2022)에서 '가상자산을 이용한 신종 사기 수법 및 피싱 범죄'라는 주제로 발표를 한 바 있다. 이 심포지엄은 올해로 23주년을 맞이하였는데, 전 세계 법 집행 기관들과의 국제 협력을 통한 사이버 공간의 안전 확보를 위해 경찰청이 매년 주최하는 행사이다. 이 행사에서 나는 FBI 등 세계 법 집행 기관에 종사하는 분들에게 가상자산을 이용한 신종 사기 수법을 소개하였는데 지금부터 그 내용을 다뤄 보고자 한다.

[국제사이버범죄대응심포지엄(ISCR 2022) 발표 사진]

01 국내 가상자산 사기 범죄 사례 분석

가. 불법 다단계 방식의 사기

이 사기의 범행 수법은 이렇다. A씨는 2020년 7월 지인들과 가상자산 거래소인 '브이글로벌'을 설립했다. 이후 A씨는 자체 가상자산인 '브이캐시'를 상장하기 위해 별도의 가상화폐 발행사인 '브이에이치'를 설립해 운영하면서, 브이캐시 1개가 1원 상당의 가치가 있는 것처럼 보이도록 대량의 매수·매도 주문을 반복했다. 또 이 코인으로 명품이나 소비재 대금을 결제할 수 있는 것처럼 프랜차이즈 사업 등도 기획했다. 하지만 실제로는 브이캐시 자체만으로 수익을 창출할 수 없었다. 특히 투자자들로부터 거래 수수료를 받는 것 외에는 별다른 수익 모델이 없었다.

브이글로벌 임직원들은 "거래소에 최소 600만 원을 넣고 계좌를 개설하면 단기간에 투자금의 세 배인 1,800만 원을 되돌려준다.(300%의 수익)", "새 회원을 데려오면 120만 원의 소개비를 주겠다"라고 제안하는 등의 수법으로 투자자를 모았다. 이 투자자 모집

방식은 다단계 마케팅 방식으로서 후순위 투자자로부터 받은 투자금으로 선순위 투자자에게 수익금을 지급하는 이른바 '돌려막기식 운용(폰지사기)'이었는데, 투자자 모집의 한계가 생기면서 결국 많은 투자자에게 손해를 입히게 된 것이다.

문제는 그 피해 규모다. 이들 사기범은 2020년 7월부터 2021년 4월까지 5만 2,419명에게 2조 2,294억 원을 편취하여, 이 사건은 역대 최대 규모 암호화폐 사기 범죄에 해당한다고 볼 수 있는 규모이다. 이 사건은 수원지방법원 형사11부에서 특정경제범죄가중처벌법상 사기 등 혐의로 재판이 진행되었는데, 재판부는 구속기소 된 A씨에게 징역 22년을 선고했다. 사실 그 피해 규모에 비해 형량은 턱없이 낮다. 미국의 메이도프가 150년 형을 받은 것에 비하면 우리나라는 금융사기의 천국(?)이라고 할 만하다. 또 다른 임직원인 B씨와 C씨는 징역 14년, D씨는 징역 10년을 각각 선고받았다. 그리고 그들로부터 총 6,158억 원의 추징을 선고했는데, 그 추징액이 납부될 가능성은 매우 낮다.

나. 투자리딩 사기

요즘 나에게도 문자로 투자 리딩을 해주겠다며 급등하는 주식을 알려주겠다는 광고성 문자가 종종 온다. 투자 리딩 그 자체가 사기는 아니지만, 투자 리딩을 이용한 사기 수법은 날로 진화하면서 이제는 가상화폐에 대한 투자 리딩까지 그 영역을 확장하여 그 피해가 점점 급증하고 있다.

A씨를 비롯한 '○○연합'이라는 사기 조직의 일당 8명은 2021년 6월부터 2022년 2월까지 필리핀에 본사를 두고 국내 암호화폐 투자리딩방을 운영하면서 피해자를 모집해 허가받지 않은 유령 암호화폐 투자 사이트에 가입시키고, 투자금과 수수료 등의 명목으로 피해자들로부터 70억 원 상당을 가로챘다.

A씨는 실무 총판 등 조직원 13명에게 투자 전문가 행세를 하도록 지시했다. 투자자인 피해자들은 정말로 이들이 코인에 투자해서 큰 수익을 낸 것으로 알았다. 설명회를 통해 허위의 투자 성공 사례를 적극적으로 홍보했기 때문이다. 또 이들은 "VIP에게만 제공되는 투자 리딩이 진행된다."라며 허위 사이트 가입을 유도했다. 이 과정에서 조직원들은 인터넷에서 불법 입수한 휴대전화 번호 등 개인정보를 이용해 광고 문자를 보냈고, 그 문자를 받은 피해자들은 암호화폐 투자리딩방으로 들어갔다. 이들이 투자자들을 유인하는 과정에서 가짜 투자 전문가 자격증과 사업자등록증도 단톡방에 올려 더욱 투자자들을 기망했다. 이들은 피해자들로부터 투자금을 입금받은 후 며칠 뒤 3~4배의 수익을 봤다고 조작된 수익 인증을 피해자들에게 보여줬기 때문에 투자자들은 이를 더욱 믿을 수밖에 없었다. 이후 세금, 수수료, 제재금 등 여러 가지 이유를 대며 추가 금액을 입금하도록 하였고, 피해자들의 피해는 더욱 커졌다.

위 사기 조직 일당은 피해자 130명으로부터 70억 원 상당을 가로챘다. 피해자들의 연령대는 20~60대로 다양하고, 이들 중 일부는 퇴직금을 모두 날리거나 집을 잃고 전·월세로 살아가고 있는 것으로 파악되었는데, 일확천금을 노리는 욕심이 바로 금융 사기꾼인 그들의 먹잇감이었다.

부산경찰청 사이버범죄수사대는 사기 등 혐의로 '○○연합'이라는 사기 조직의 일당 8명을 구속하고, 나머지 일당 8명을 불구속 입건했다. 또한, 이 조직이 사용한 범행 계좌 28개를 지급정지 조치했다. 하지만 이런다 한들 피해자들의 피해는 회복될 수 없다. 이미 사기꾼들은 돈 대부분을 탕진하였을 것이기 때문이다.

다. 시세조종 및 러그 풀(Rug Pull) 수법

러그 풀(Rug pull)이란 가상화폐 생태계에서 개발자가 갑자기 프로젝트를 중단하고 투자금을 들고 사라지는 사기 수법을 말한다. 양탄자(Rug)를 잡아당기면(Pull) 그 위에 있던 사람들이 한순간에 넘어진다는 비유적 표현에서 유래된 것인데, 가상화폐 발행 사기의 대표적인 유형이다.

시세조종을 통한 발행 사기 수법을 먼저 소개한다. 국내에서 벌어진 사건으로 일당 3명은 가상자산을 발행한 후, 자신들이 발행자라는 사실은 숨긴 채 투자자들을 모집했다. 이들은 2020년 8월부터 지난해 5월까지 가상자산 3종을 발행한 후 자신들이 개설한 투자리딩방에서 전문가 행세를 하며 "매일 3%의 이익을 얻을 수 있다"라고 홍보했다. 경찰은 이들이 여러 개의 계정을 이용해 마치 정상 거래인 것처럼 매도·매수를 반복해 시세를 조종한 것으로 보고 수사를 진행하였다.

300원에 상장된 해당 가상자산은 시세조종으로 2020년 11월 1,242원까지 올랐다. 값이 오르자 이들은 가상자산을 일괄 매도함으로써 이익을 챙겼고, 가격은 최고가 대비 98% 수준인 31원으로 폭락하여 투자자들에게 큰 피해를 줬다. 수사기관은 이 일당들이 가상자산을 발행해 거래소에 상장하고 인위적으로 시세를 조종해 차익을 챙기는 방식으로 피해자 424명을 상대로 429억 원을 가로챘고, 22억 원의 이익을 얻었다고 한다. 경찰은 가상자산을 자전·통정 거래하는 수법으로 차익을 챙긴 일당 3명을 특정경제범죄가중처벌법상 사기 혐의로 검거해 1명을 구속했는데, 이들의 수법은 문자메시지나 SNS 오픈채팅 등을 통해 '투자리딩방'이라고 소개한 후 '투자금을 몇 배로 불려준다, 손실 시 원금을 보장해 준다.' 등의 현혹하는 문구를 통해 피해자들을 모집하였다고 한다. 여기서도 알 수 있듯이 손실 시 원금을 보장해 준다는 문구나 말은 대표적인 사기 징표이다.

러그 풀 수법은 가상화폐뿐 아니라 NFT[51])에도 이용된다. 2022년 4월 서울경찰청 사이버수사대는 피해자 9명에게서 2억 1,000만 원 상당을 갈취한 A씨(26)를 사기 혐의로 체포했다. A씨는 고양이 캐릭터 NFT 1만 개를 유명 NFT거래소 오픈 시에 등록한 후 피해자들에게 이를 구입하면 가상자산을 매일 지급하겠다고 속였다. 아마도 한때 열풍이 불었던 '지루한 원숭이(Bored Ape)' NFT 1만 개를 벤치마킹해서 고양이 캐릭터로 만든 것으로 추측된다. 가상화폐 관련한 러그 풀 사례로는 국산 밈 코인으로 홍보한 떡볶이코인(TBK)이 있다. 이 코인의 운영진은 현재 잠적한 상태이다. 이들은 이 코인을 스테이킹(staking)[52])하면, 이자를 1달에 30%를 준다고 하였다. 우리나라 이자제한법이 연 20%인 것을 감안하면 이 코인은 연 360%

---

51) 대체 불가능 토큰(Non-fungible token, NFT)이란 블록체인 기술을 이용해서 디지털 자산의 소유주를 증명하는 일종의 가상 토큰(token)이다. 그림·영상 등의 디지털 파일을 가리키는 주소를 토큰 안에 담음으로써 그 고유한 원본성 및 소유권을 나타내도록 하는데, 마치 부동산 등기부와 같은 것을 탈중앙화로 블록체인 생태계 내에서 구현한 것으로 생각하면 된다. 로이터 등 외신에 따르면 '지루한 원숭이들의 요트클럽(BAYC)'이라는 대체 불가능 토큰(NFT)을 제작하는 유가랩스는 지난해 내놓은 '지루한 원숭이(Bored Ape)' NFT가 시장에서 가장 인기 있는 가상자산이자 투자 대상으로 주목받았다고 하면서, 원숭이 캐릭터를 변형해 1만 여 개에 달하는 NFT를 선보였다. 마돈나, 저스틴 비버, 에미넴 등 미국 연예인들이 잇따라 투자하며 NFT 투자 열풍이 일었는데, 실제로 세계적인 경매업체 소더비에서 100여 개의 지루한 원숭이 NFT 세트가 2,440만 달러(약 308억 원)에 팔리기도 했다.

52) 스테이킹이란 자신이 보유한 암호화폐의 일정한 양을 지분으로 고정하는 것을 말한다. 즉 자신이 가지고 있는 암호화폐를 블록체인 네트워크에 예치한 뒤, 해당 플랫폼의 운영 및 검증에 참여하고 이에 대한 보상으로 암호화폐를 받는 것인데, 마치 은행에 정기예금(적금)을 드는 것으로 생각하면 쉽게 이해할 수 있다.

의 이자를 지급한다는 것이니 말도 안 되는 것이었다.

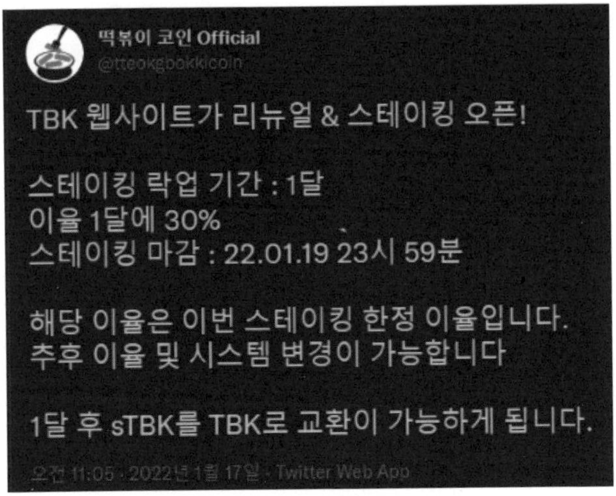

[떡볶이코인(TBK) 스테이킹 홍보 공지]

라. 사칭 사기

바이낸스(Binance)는 중국계 캐나다인 창펑 자오가 운영하는 세계 최대 암호화폐 거래소로 글로벌 1위 가상화폐 거래소이다. 2022년 7월 기준으로 총 395개의 암호화폐가 상장된 명실상부한 세계 최대의 암호화폐 거래소이다. 그런데 이 바이낸스와 거의 똑같은 외형을 만든 사이트가 등장했다. 이름도 유사하게 '바이낸스벳'이라는 이름을 내걸었다. 심지어 이 회사가 보여주는 로고는 바이낸스의 것과 똑같다. 글자색과 사이트 분위기까지 실제 바이낸스 사이트와 유사하게 만들었다. 일반인들은 도저히 구별하기 어려울 정도였다.

그런데 바이낸스는 한국 금융당국의 특정 금융거래법 적용에 따라 한국어 서비스를 종료하고 한국에서 더 이상 활동하지 않고 있다는 것이다. 불법 사이트들은 이런 틈새를 노리고 바이낸스로 속인 한글 사이트를 운영하고 피해자들을 유인한다. 바이낸스벳은 불법 도박 및 투자 사이트에 불과하며 바이낸스와는 아무런 관련이 없다.

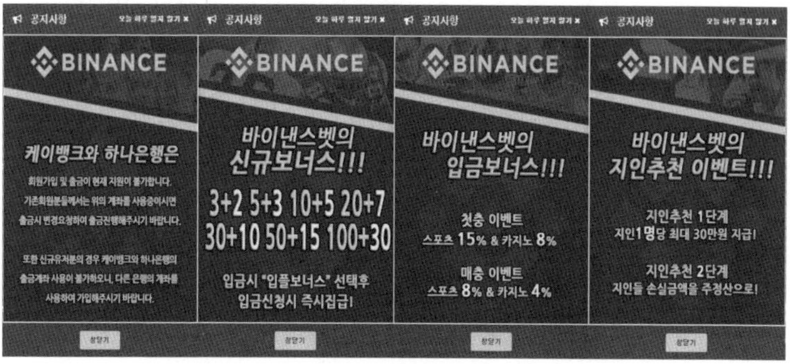

[바이낸스를 사칭한 바이낸스벳 사이트 화면]

또 다른 유사 사기로는 '애플솔루션' 사건이 있다. 이 업체는 미국 애플의 로고를 그대로 가져다가 사용하고 있고 회사 이름 역시 애플을 연상시키는 애플솔루션이라는 이름을 사용하였다. 피해자들은 이 업체가 애플과 관련이 있는 곳이라 믿었다. 이 사기꾼들은 유명 기업을 도용해 자신들의 신뢰성을 높여 사기를 더욱 치밀하게 하고자 한 것이다. 이 회사는 비트코인, 이더리움, 리플 등 투자 솔루션을 제공한다고 선전하고 있었다. 가상자산 거래 솔루션과 데이터, 입출금 관리 기능 등을 제공한다는 것이다. 그런데 실제는 이 업체가 카지노, 스포츠 도박 등 솔루션도 함께 제공하고 있어 불법적인 거래 지원을 염두에 두고 만들어진 것으로 보인다.

국내 합법 가상자산 거래소들은 금융위원회 금융정보분석원(FIU)의 요구에 맞춰 등록해야 운영할 수 있고, 현재 우리나라에서 등록된 가상자산 거래소는 총 20여 개이다. 가상자산 사업자 신고 수리 요건 중 하나인 정보보호체계(ISMS) 인증을 획득한 20개 업체 중에서 업비트, 코인원, 코빗, 빗썸, 고팍스는 원화 거래가 가능한 실명계좌를 획득한 가상자산 거래소이다. 즉, 애플솔루션이 제공하는 방식으로는 국내에서 정상적으로 거래소를 등록할 수 없기에 이런 거래소를 이용한 것은 사기를 당하겠다고 작정한 것이나 다름이 없다.

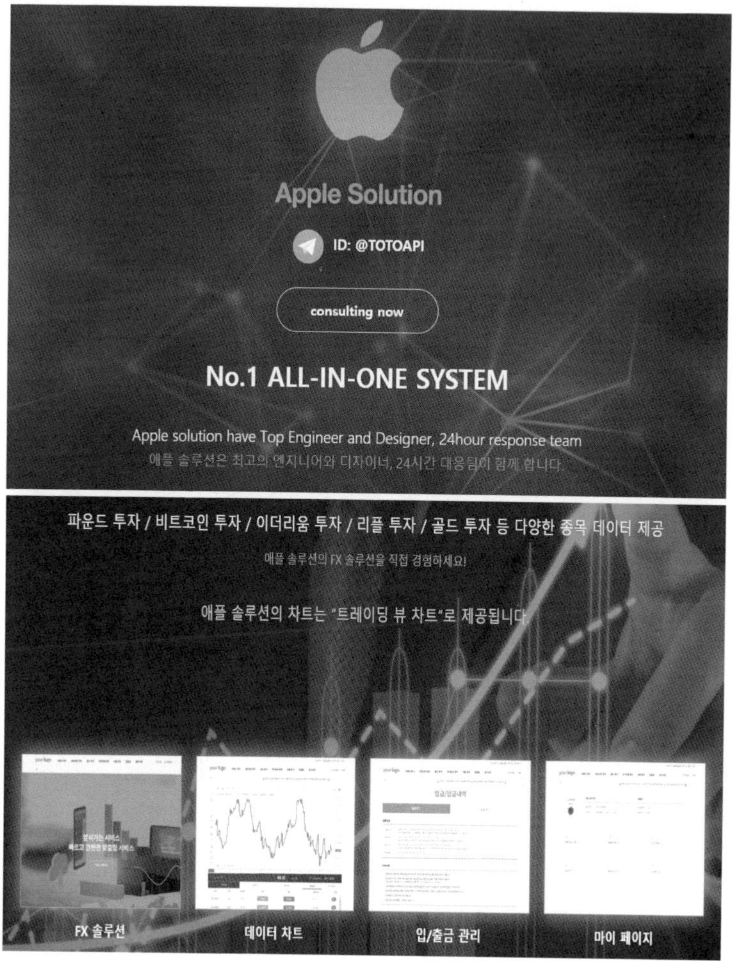

[애플솔루션 웹페이지 화면]

02 해외 가상자산 사기 범죄 사례

가. Bitcoin Investment Schemes

사기범들은 자신이 경력이 풍부한 투자 매니저라고 강조하면서 투자자들을 모은다. 사실 그런 경력은 모두 거짓이거나 매우 과장된 것이다. 사기범은 자신이 비트코인 등 가상화폐에 투자하여 엄청난 이익을 얻은 경험이 있다고 속인 후, 같은 방식으로 투자하여 큰 수익을 내게 해주겠다고 투자자들을 속여 투자금을 모으는 방식이다.

이들이 사용하는 사기 수법으로는 우선 사기 초기 투자금을 요구한다. 그다음 돈을 실제 투자하지 않고 초기 투자금을 횡령하거나, 이체 및 보증금 명목으로 투자자의 신상정보를 받아 투자자 소유의 가상화폐를 몰래 빼내어 편취한다.

또 다른 방식은 가짜 유명인을 이용하는 수법이다. 사기꾼들이 가짜 계정에 진짜 유명인의 사진을 게시하고, 광고나 기사를 업로드하여 유명인이 가상화폐 투자를 통해 엄청난 금전적인 이익을 취득하고 있는 것처럼 꾸민다. 기사의 경우 ABC나 CBS 등 대중들에게 잘 알려진 검증된 대중매체 회사 웹사이트나 로고를 써서 그들의 글인 것처럼 위장한 후, 투자자를 유인하여 투자금을 편취하는 수법을 쓴다.

나. Rug Pull Scams (러그 풀 수법)

미국에서도 러그 풀 사기가 일어난다. 사기범들은 NFT 혹은 코인을 통해 새 프로젝트를 과장하고 투자자들을 유인하여 투자금을 모은 다음, 돈을 가지고 사라진다. 물론 그 프로젝트는 진행되지 않는다. 결국 투자자들은 가치가 없는 코인을 받고 팔 수도 없게 되어 사기 피해를 보는 형태이다.

미국에서 러그 풀 사기의 가장 대표적인 예로는 '오징어 코인' 사건이 있다. 엄청난 인기를 끌었던 넷플릭스 한국 드라마 〈오징어 게임〉에서 이름을 따온 사건이다. 투자자들은 게임에 참가하기 위해 토큰을 구매하고 이를 다른 가상화폐로 전환할 수 있다고 믿었다. 그 때문에 오징어 코인은 하나당 1센트에서 90달러까지 치솟았다. 그러나 어느 순간 코인의 트레이딩이 멈추었고, 투자자들이 투자한 돈은 사라졌으며, 가지고 있던 토큰의 가치가 0달러로 떨어져 투자자들은 토큰을 팔 수도 없었다. 이러한 사기 수법은 최근에는 NFT 발행 사기로도 확대되고 있어 투자자들은 각별히 조심하여야 한다.

다. Romance Scams (로맨스 스캠)

가상화폐 사기는 데이트 어플도 이용한다. 이러한 수법은 데이트 어플을 통해 장거리나 온라인 관계를 맺은 후 타인의 믿음을 얻어 그에게 특정 코인을 사도록 유도한다. 돈을 훔친 후 사기꾼은 유유히 사라지는데, 이러한 사기 수법은 "돼지 도살(Pig Butchering)" 수법으로도 불린다. WhatsApp이나 데이트 어플을 통한 사기는 현재 가상화폐(크립토) 사기 유형 중 2위를 차지하고 있을 정도로 빈번하게 발생하고 있으며 그 피해액도 1억 8,500만 달러($1.85억)에 이른다. 현재도 증가 추세에 있는 유형으로 포춘지, 타임, CBS 등 여러 매체에서 각별한 주의를 요구하고 있다.

라. Phishing Scams (보이스/메일피싱 사기)

피싱은 장기간 존재해 왔던 수법이고 현재도 계속 그 수법이 발전하면서 피해가 줄어들지 않는 매우 자주 쓰이는 사기 수법이다. 사기꾼은 가상화폐 지갑에 관련된 중요 정보를 빼내기 위해 피해자 이메일로 가짜 웹사이트 링크가 적힌 이메일이나 문자를 보낸다. 기존 비밀번호 형식과 다르게 전자지갑은 오직 하나의 키 번호를 갖고 있다. 그러므로 만일 거래소에서 키 번호를 도난당했을 경우 키 번호를 바꾸는 절차가 복잡하고, 거래소가 아닌 지갑의 경우는 키 번호 갱신이 사실상 어려운 경우가 대부분이다. 따라서 그 키 번호를 피싱 사기당하였을 때 그 피해를 복구하는 것 역시 사실상 불가능하다. 오직 이를 미리 피하는 것만이 유일한 대책이라는 것이 안타까운 실정이다. 이를 피하기 위해서는 문자나 이메일에 링크 주소를 기재해 전송되어 온 경우 절대로 링크를 눌러서는 안 되고, 설사 정식 웹사이트가 명백하더라도 절대로 중요 정보를 기재하지 않는 것이 중요하다. 링크를 누르거나 문자나 이메일에 함께 전송되어 온 첨부파일을 다운받은 경우는 즉시 삭제하고 백신 프로그램을 통해 악성 바이러스 등을 찾아내어 제거해야 한다.

마. Man-in-the-middle Attack (맨인더미들/네트워크 해킹)

유저가 공공장소에서 가상화폐 계좌로 로그인할 때 제삼자가 유저의 사적인 정보를 훔칠 수 있다는 점을 유의하여야 한다. 이런 유형의 사기꾼들은 공개 네트워크에 오가는 비밀번호, 전자지갑 키 번호, 계좌 등 여러 정보를 탈취한다. 유저가 로그인할 때마다 사기꾼들이 가까운 거리에서 와이파이 시그널을 훔쳐 사적인 정보를 훔치는 방식을 "맨인더미들" 방식이라고 부른다. 이러한 공격을 막기 위해선 VPN[53]을 사용하는 것을 추천한다.

---

53) VPN(Virtual Private Network, 가상 사설망)은 인터넷을 통해 장치 간 사설 네트워크 연결을 생성하는 서비스이다. VPN은 장치의 실제 IP 주소를 가상 IP 주소로 대체하고, 데이터를 암호화하고, 데이터를 전 세계 보안 네트워크로 라우팅함으로써 정보를 보호한다. 그렇기에 VPN 다운로드를 통해 익명성을 확보한 상태에서 안전하게 인터넷을 이용할 수 있다.

바. Social Media Cryptocurrency Giveaway Scams (SNS 에어드롭 사기)

유튜브 등 각종 SNS를 보면 코인을 에어드롭으로 배포한다는 광고나 게시물을 많이 볼 수 있다. 물론 실제 거래소에 상장된 주요 가상화폐에서 에어드롭을 진행하는 것은 거래소에서 대부분 에어드롭을 진행해주므로 신경을 쓸 필요가 없다. 에어드롭(Air drop)이란 주식의 무상증자와 같은 성격으로 게임 같은 것을 해보신 분들은 좀 더 쉽게 이해할 수 있을 것이다. 하늘에서 무상으로 보급 상자나 선물 상자 같은 것이 떨어지는 것과 같은데, 상장주식을 가지고 있는 경우 어느 일정 시점을 기준으로 하여 그 주식을 보유한 사람에게 무상증자를 실시하여 주식을 보유 주식에 비례하여 배분하는 것과 매우 유사하다. 가상화폐에서는 일정 기준 시점을 잡는 것을 '스냅샷'이라고 하는데, 스냅샷의 뜻은 순간적으로 사진이 찰칵 찍히는 것처럼 보유한 가상화폐를 일정 시점에 확인하여 그 특정 시점까지 가상화폐를 보유한 홀더들을 기록한 후 그 홀더들에게 무료로 가상화폐를 나누어 준다.

문제는 이를 이용한 사기가 횡행하고 있다는 점이다. 대표적으로 가짜 유명인 계정을 사용해 사람들을 모은 후 무료 코인 배포 광고를 누르는 순간 코인을 받기 위한 보안 코드를 입력하라는 허위 사이트에 들어가게 되고, 보안 절차 중에는 허위 계좌가 아닌 것을 증명하기 위해 일정 금액을 지급해야 하는 단계도 넣기도 한다. 물론 피해자는 지급한 돈을 모두 잃게 되고, 그보다 더욱 심각한 상황은 본인의 개인정보와 가상화폐 전체를 도난당할 위험에 빠지게 되었다는 것이다.

NFT 사기는 어떻게 이뤄지는 걸까. 또 주의해야 할 사항은 무엇일까. 딥러닝 기반의 사기 방지 플랫폼 볼스터에서 발간한 연구에는 다양한 NFT 사기 수법이 소개됐다.

①복제 NFT 스토어

NFT 스토어를 복제하는 경우다. NFT를 판매하는 합법적인 웹사이트와 구분하기 어려울 정도로 정교하다. NFT를 구매하는 과정에서 로그인 정보나 신용카드 정보를 빼돌린다. 지난 3월 볼스터는 '래러블', '오픈씨', '오디우스' 같은 합법적인 웹사이트와 비슷한 이름들이 NFT 스토어 도메인 등록됐다.

②위조나 사기 NFT

지난해 얼굴 없는 화가로 알려진 뱅크시의 작품을 도용한 가짜 NFT가 약 3억9000만원에 달하는 이더리움에 판매됐다. 당시 가짜 NFT가 뱅크시의 공식 웹사이트에 게시돼 투자자들이 혼란을 겪었다. 뱅크시가 해당 NFT와 관련이 없다고 밝히면서 사기 전모가 드러났다. 볼스터는 뱅크시 스타일의 NFT 판매가 높아 위조나 가짜 NFT가 계속해서 퍼져나갈 것으로 예측했다.

③가짜 에어드롭과 NFT 증정

급속히 부상 중이면서도 가장 피해가 큰 사기 수법은 에어드롭이다. 가상화폐 프로젝트에서 흔히 사용하는 마케팅 전략으로 사용자를 끌어들이기 위해 토큰이나 코인을 무료로 나눠주는 것을 말한다. 가짜 래러블 토큰을 증정한다고 속여 사용자의 코인 지갑 정보를 요구한다. 볼스터는 매달 수천 건의 에어드롭 사기를 적발했다고 밝혔다.

[2022년 2월 9일자 쿠키뉴스 "뜨는 'NFT' 나는 '사기꾼'... 투자자는 자구책 마련" 기사 내용 중]

사. Ponzi Scheme (폰지사기)

폰지사기는 기존 투자자의 돈을 신규 투자자의 돈으로 메꾸는 방식인 것은 이미 앞에서 자세히 설명한 바 있다. 이러한 폰지사기 수법은 가상화폐에도 많이 이용되고 있다. 새로운 투자자를 유치하기 위해 가상화폐 사기범은 코인 투자에 그대로 폰지사기 수법을 이용한다. 늘 그렇듯이 폰지사기의 가장 큰 미끼는 높은 이익률과 원금 손실의 가능성이 거의 없다는 거짓말이다. 하지만 실제는 세상에서 가장 원금 손실 가능성이 높은 투자이며 이익 역시 보장될 수 없는 것이 폰지사기다. 언제 터질 것인가, 폭탄 돌리기의 마지막 폭탄을 누가 받을 것인가의 차이가 있을 뿐 결국 터지는 것이 폰지사기다.

여러분에게 가상화폐 투자 또는 채굴 투자를 권유하면서 매월 몇 프로의 이익을 고정적으로 준다고 하면서 원금 보전의 안전성을 강조하고 있다면 거의 100% 폰지사기이다. 내가 거의 100%라고 말한 것은 1% 정도는 사기가 아닐 수도 있다는 의미가 아니라 무조건 사기라는 뜻이다. 설사 지금 손실이 나지 않고 이익이 나고 있다고 하더라도 말이다.

미국에서 최근 발생한 세계 3~4위 가상화폐 거래소인 FTX 파산 사태가 대표적인 폰지사기의 결말이라 볼 수 있다. FTX의 파산 과정은 마치 테라 폭락 사태와 같았다. FTX는 폰지사기와 같은 수법을 활용한 것이 점점 밝혀지고 있고, 결국 수십억 달러의 돈이 단 며칠 만에 사라졌다. 비트코인 전문 투자 업체 스완비트코인 대표 코리 클립스텐은 FTX의 몰락에 대해 폰지사기 수법으로 인한 것이라고 밝힌 바 있다. FTX의 창업자인 뱅크먼 프리드는 '제2의 워런 버핏', '제2의 JP 모건'이란 별칭을 얻기도 할 정도로 가상자산 시장에서 엄청난 돌풍을 일으켰다. 그의 선한 행동들이 찬사를 받았으며, 그에게 투자하고자 하는 기관들이 줄을 섰다. 하지만 지금 그는 이미 '월가의 저승사자'로 불리는 미연방검찰청 뉴욕남부지청에 의해 8개 항목의 사기(fraud) 혐의로 기소됨과 동시에 바하마 경찰에 구속됐다. 보석으로 석방되기도 했지만 CNN 방송에서는 그가 미 법원 재판에 회부 될 예정이고, 혐의가 모두 유죄로 인정되면 최장 115년 징역형을 받을 수 있다고 전했다. 어떤 전문가들은 종신형을 예상하기도 한다.

이 사태의 근본 원인 중 하나는 FTX가 발행한 자체 토큰인 FTT의 가격이 급락하자 이를 담보로 제공한 개인 투자기업 알라메다(Alameda)의 담보 가치도 따라서 추락하면서, 자금 유동성이 악화되어 결국 경영 파탄에 이른 것이다. 뱅크먼 프리드는 고객이 예치한 자산을 담보로 투자를 하는 등 고객 자산을 분리 보관하지 않았다. FTX 거래소와 암호화폐 거래를 했던 고객들은 FTX가 당연히 고객이 예치한 가상화폐를 고객 구분 관리하는 것으로 알고 예치했으나, 그는 거래소 본연의 수입원인 거래 수수료 수입으로 만족하지 않고, 고객 예치금을 다른 투자 및 융자 재원으로 유용한 실태가 속속 드러난 것이다. 이것이 바로 돌려막기의 구조인 폰지사기와 유사한 측면이다. 즉 고객이 FTX의 파산 사태 이전에 인출이 가능한 시기에 자신이 예치한 가상화폐를 인출할 수 있었던 것은 그 고객이 예치한 가상화폐가 아니었다는 말이기도 하다.

이런 사태는 결국 점점 발전해나가고 있던 가상자산의 영역을 위축시키고, 가상화폐의 거래 축소로 이어져 또 다른 시장 붕괴로 이어질 수 있다는 점이다. 가상자산 시장은 여전히 불확실성이 매우 큰 시장이며, 그 누구도 장담할 수 없는 예측 불가의 시장이다. 또한, FTX의 사태에서 알 수 있는 것처럼 세계 3대 거래소라 불리는 곳까지도 그 안전성을 담보할 수 없다. 그러므로 우리가 가상자산에 투자를 결정할 때에는 그 어느 때보다 신중해야 한다. 해외 거래소나 해외 지갑에 가상화폐를 예치(스테이킹, staking)시키거나 보관하고 있는 경우, 문제 발생 시 국내와 달리 법적 구제 절차를 밟는 것은 사실상 불가능하다는 점을 명심하여야 한다.

지금도 수많은 피해자를 양산하는 금융사기가 벌어지고 있다. 사람들은 대부분 투자를 성공적으로 하는 방법이 무엇인가에 관심이 많다. 은행이나 증권사라는 이유만으로 너무 쉽게 믿고 오랫동안 모아온 거금을 쉽게 투자한다. 사람들은 병에 걸리기 전에는 병에 관심이 없다. 그런 것처럼 금융사기를 당하기 전에는 금융사기를 남의 일처럼 느낀다. 하지만 내 주변을 돌아보면, 금융사기의 피해를 본 사람들을 그리 어렵지 않게 찾아볼 수 있다. 사기 피해를 보면 사실상 회복이 어렵고, 피해자뿐 아니라 가족들까지 고통을 받게 되고, 그뿐만 아니라 당사자 본인이 세워왔던 미래의 경제적 계획까지 모두 무너지게 된다. 이런 회복하기 어려운 피해를 보기 전에 여러분이 금융사기의 징조를 알아챌 수 있는 고성능 레이더를 가지게 된다면 그런 피해를 볼 가능성은 매우 낮아질 것이 분명하다. 부디 여러분이 병에 걸리지 않기 위해 백신을 맞는 것처럼, 이 책을 읽은 모든 분이 금융사기로부터 안전하기를 기원하며 글을 마친다.

김 정 철 마침